财务会计学实训

瞿云华　陈　岩　刘爱英　谭　琪　瞿若频　编著

中国财富出版社

图书在版编目（CIP）数据

财务会计学实训 / 瞿云华等编著 . —北京：中国财富出版社，2016.8
ISBN 978 - 7 - 5047 - 6211 - 5

Ⅰ.①财…　Ⅱ.①瞿…　Ⅲ.①财务会计—教材　Ⅳ.①F234.4

中国版本图书馆 CIP 数据核字（2016）第 162416 号

策划编辑	颜学静	责任编辑	颜学静		
责任印制	方朋远	责任校对	梁　凡	责任发行	斯　琴

出版发行	中国财富出版社			
社　　址	北京市丰台区南四环西路 188 号 5 区 20 楼		邮政编码	100070
电　　话	010 - 52227568（发行部）		010 - 52227588 转 307（总编室）	
	010 - 68589540（读者服务部）		010 - 52227588 转 305（质检部）	
网　　址	http://www.cfpress.com.cn			
经　　销	新华书店			
印　　刷	北京京都六环印刷厂			
书　　号	ISBN 978 - 7 - 5047 - 6211 - 5/F・2628			
开　　本	787mm×1092mm　1/16		版　　次	2016 年 8 月第 1 版
印　　张	14.75		印　　次	2016 年 8 月第 1 次印刷
字　　数	314 千字		定　　价	38.00 元

前　言

　　学校教育教学改革的根本目的是提高人才培养质量，对人才培养质量的评价尺度有两种：一种是社会的评价尺度，另一种是学校的评价尺度。社会对高校人才培养质量的评价，主要是以高等学校毕业生的质量作为评价依据，从而评价毕业生群体能否很好地适应国家、社会、市场的需求。学校对人才培养质量的评价，主要是以教育的内部质量特征作为评价依据，即评价学校培养出来的学生在整体上是否达到学校规定的专业培养目标的要求，学校人才培养质量与培养目标是否相符。

　　非金融类专业的会计学讲授沿用通用的财务会计学的讲授模式，采用大班授课，老师单方面传授知识，只是用黑板—粉笔—嘴这一模式，由于非金融类专业学生对财务会计课学习自主性较差，知识基础较为薄弱，对于传统的会计教学模式，他们会觉得较为枯燥，加上班级容量大，老师很难与学生有互动的时间，就造成了老师在上面讲，学生在下面各种神游，课堂秩序很难控制。而会计学本身是一个前后衔接较强的课程，前面没听懂，后面就更加迷糊，以致恶性循环。学生绝大多数并未养成课后总结复习的好习惯，课堂小测和课上问答的机会较少，很难达到有效检测的目的。

　　本书力图将会计知识教学与会计实践教学有机结合在一起，将会计学的讲授从教室搬到实训室中，通过一系列有效措施，激发学生的学习兴趣，培养学生的动手操作能力。不仅引进财务会计的理论方法，还引进仿真的会计实例，这样学生在学习过程中不但学习了财务会计的理论，还锻炼了实际处理会计业务的能力，可以比较系统地学习企业会计核算的基本程序和具体操作方法；还可以加强对财务会计基本理论和基本方法的理解和应用，培养学生严谨的工作态度和敬业精神，达到理论知识与实务的统一。

　　本书通过对大量的实例进行操作，使学生在学习相关财务会计理论的同时掌握填制和审核原始凭证、记账凭证、登记账簿、编制会计报表的全部会计工作的技能和方法，从而对企业的会计核算全过程有一个比较系统、完整的认识，最终达到对会计理论和方法融会贯通的目的，使其知其然，更知其所以然。

　　实训式教学是一项集体的事业，本书的编写凝聚了众多教师和会计从业者的智慧，是多年教学工作积累的劳动成果；同时借鉴了大量会计学教材编写的理论结晶及各兄弟院校会计专业授课的宝贵经验，得到了多家公司的鼎力支持。

　　由于时间匆忙，编者水平有限，书中难免存在疏漏之处，殷切地希望广大读者提出宝贵意见，以便今后改进和完善。

作　者

2016 年 4 月 5 日

目　录

第一章　总　论

第一节　会计的概念及发展

一、会计的概念

（一）会计是在社会实践中产生和发展

会计最初只是人们在生产中同时记数的生产职能的附属物，发展为用货币记录计算、劳动成果的独立管理职能。

（二）随着经济的发展，会计逐步发挥它在经济管理方面的作用

会计的记账、算账、报账的核算作用，发展为对账务进行审核、检查的会计监督作用。

（三）现代科学技术的发展，会计作用日益显著

会计从核算和监督作用扩展为预测、决策、控制、分析多种作用的经济管理活动。长期实践证明，经济越发展，会计越重要。

综上所述，会计的概念概括为：

会计是以货币为主要计量单位，以提高经济效益为主要目标，运用专门方法对企业、机关、事业单位和其他组织的经济活动进行全面、综合、连续、系统地核算和监督，并随着经济的日益发展，逐步开展预测、决策、控制和分析的一种经济管理活动。

会计是一门新兴的管理学科，随着社会的发展，会计的职能和内容都在扩展。至今，国内外对会计的定义尚未形成一致的意见。现将国内外主要会计权威机构的表述列示如下。1966 年美国会计学会（AAA）对会计所下的定义是："会计是鉴定、计量和传递经济信息的过程，借以使信息使用者能够做出可靠的判断和决策。"从上述定义来看，有两个方面的特点：一是明确了会计的目标，即会计是为报表使用者提供决策支持的相关的信息；二是明确了会计的范围，即提供经济信息。1970 年美国注册会计师协会所属会计原则委员会（APB）对会计的定义是："会计是一项服务活动，它的职能是提供有关一个经济单位的数量信息（主要是财务性质的信息），借以制定经济决

策。"上述定义，明确地阐述了会计信息是为制定经济决策服务，而不仅限于为企业内部。1978 年美国财务会计准则委员会（FASB）阐述的会计定义是："会计是计量、处理和传送有关经济单位财务信息的信息系统，依据它所提供的信息，报表使用者可据以做出合理的经济决策。"该定义指出会计是一个信息系统。

根据上述现代会计的定义，会计是一个信息系统，它是连接企业和经济决策制定者之间的一个纽带。首先，会计记录和计量了企业的经营活动数据；其次，将数据储存起来，并加工处理成为会计信息；最后，通过报表形式将会计信息传送给经济决策制定者。可见，会计是一个经济信息系统，输入的是企业的经济活动数据，输出的则是经济决策制定者所需要的会计信息。

二、会计的产生和发展

会计是为适应经济发展而产生和发展的。

（1）人类早期——无计算。

（2）原始社会——会计是生产职能的附带部分，处于萌芽时期，只是在生产的同时运用结绳记事、刻契记数方法记录生产活动和成果。

（3）私有制出现——人们用货币计量，记录经济活动过程，会计从生产职能中分离出来，发展为独立职能。

①会计实践时期。其特点是不具有权威性，也不够系统性。

②1933—1955 年。由会计团体系统地建立会计理论和实践时期，英国和美国的一些权威会计团体对发展现代会计理论起了重要的推动作用。20 世纪 30 年代经济大萧条和公司的大批破产倒闭，政府和社会公众迫切要求改进会计实务，加强会计理论的指导作用。

③1955—1975 年。出现了面向企业内部管理服务的管理会计，管理会计的产生标志着现代会计的诞生。第二次世界大战结束以后，西方国家进入了经济高速发展的蜜月时期，人们已意识到会计信息不仅为企业外部使用者服务，而且应该为企业内部管理服务。

④1975 年至今。由具有更大政治代表性的会计团体（例如国际会计师联合会等组织）健全和发展会计理论和实践的时期。各国政府加强对经济发展的干预，并认识到会计对促进经济发展的重要作用。

通过对会计历史发展过程的回顾，我们可以得到以下结论：

（1）会计活动不是人类社会一开始就存在的，而是社会经济发展到一定阶段的产物。会计的产生有赖于两个基本条件：一是有一定经济目的性的经济组织的出现，会计活动是围绕着经济组织开展的，因此经济组织是会计产生的前提和基础；二是货币的出现，货币或名义货币是经济组织开展会计核算的基本媒介，没有货币或货币计量，就谈不上会计。

（2）经济越发展，会计越重要。自 1494 年复式记账原理的出现，直到 1775 年 300 多年的时间里，会计技术和方法并没有得到发展，这是因为这个时期的经济背景（独资和合伙经营的商业业务）不需要复杂的会计技术来支持；工业资本主义兴起以后，工业革命和工业生产的迅速发展，使会计技术必须加以发展；特别是现代企业的出现，会计在方法和内容上都得到迅速的扩展；人类即将进入知识经济时代，我们相信现代会计将会有更大的发展。

（3）会计实践和会计理论是两个不同的范畴。会计实践活动有漫长的历史渊源；而会计理论（会计学）却仅有数百年的历史，两者不可混淆。不过，会计理论与会计实践关系十分密切，会计理论是对会计实践的概括和总结；反之，会计理论又可以指导实践，使实践得到进一步发展。

第二节 会计的对象及职能

一、会计的职能

会计的职能是指会计的本质功能，是会计本质的体现。现代会计作为一个经济信息系统，具有五项职能。现代会计具有五项职能即反映经济活动、控制经济活动、评价经营业绩、预测经营前景和提供经营决策支持。财务会计的基本职能是反映和控制，其中反映职能是决定会计本质的首要职能。

美国对会计职能的研究成果。会计职能问题是早期美国会计理论的研究领域之一，如佩顿在《会计理论》中就指出"会计的职能就是记录、分类、整理与提供有价值的数据，以便所有者和代表在处置时能周全地使用资本"。从 20 世纪五六十年代起，美国会计界开始流行会计经济信息系统论，对会计职能的研究就越来越少了，从 20 世纪 70 年代起，对会计职能的研究逐步被对会计目标的研究所取代。

我国对会计职能的研究成果：我国会计界对于会计职能的讨论是以马克思关于簿记是"对过程的控制和观念的总结"的论断为依据的。至 20 世纪 80 年代，我国会计理论界对于会计职能的讨论主要有以下几种观点：一是职能说——反映说；二是职能说——"反映和监督说"或"反映和控制说"；三是职能说——反映、监督和促进说；四是职能说——反映、控制、监督和分析说；五是职能说——反映、控制、评价、预测和决策支持；六是职能说——反映、分析、核算、监督、预测及参与决策说。

当前比较通用的说法是会计基本职能——核算和监督。会计核算职能是通过核算，反映经济活动过程和成果，为经济活动提供会计信息。会计监督职能是按目标要求、指导、调节经济活动，进行事前、事中和事后的控制和检查。会计核算职能是会计监督的基础，会计监督职能则贯穿会计核算的全过程，两者相辅相成，缺一不可。随着会计理论的发展和会计实践的丰富，会计职能也不断发展，出现了预测、决策、控制和分析等新的职能。

二、会计的对象

会计对象就是指会计工作所要核算和监督的内容；具体来说，会计对象是指企事业单位在日常经营活动或业务活动中所表现出的资金运动，即资金运动构成了会计核算和会计监督的内容。

会计对象的抽象描述是指能用货币表现的经济活动，即价值运动或资金运动。资金是指能用货币表现的财产物资，它不是静止不变的，通过自身不断的运动而变化。资金运动的表现形式主要有以下三种：

（1）资金进入企业：企业通过吸收投资、银行借入、发行股票或债券来筹集资金，引起企业资金的增加。

（2）资金在企业中的周转：企业用货币资金购买材料，形成储备资金。工人利用自己的生产技术，借助于机器设备对材料进行加工，发生的耗费形成生产资金。产品完工后形成成品资金。将产品销售，收回货款，得到新的货币资金。整个周转过程表现为：货币资金→储备资金→生产资金→成品资金→新的货币资金。

（3）资金退出企业：企业偿还银行借款、上缴税金和分派利润或股利。

我国会计理论界对于会计对象问题的主要观点包括：

（1）财产说。这种观点认为，在社会主义制度下，会计对象就是"在企业、事业、机关等单位中能用货币表现的社会主义再生产过程及社会主义财产"。

（2）劳动量说。这种观点认为，"社会主义会计的核算对象是社会主义扩大再生产过程中一切事物的社会劳动量"。

（3）资金运动说。这种观点认为"财务会计的对象是价值运动能够用货币表现的数量方面"。此观点已经成为被广泛接受的主流观点。

（4）价值说。这种观点认为，"会计学理论体系可以把价值作为起点，价值自然是最简单、最抽象的范围，从价值出发也就是要从会计与其对象的联系出发"。

会计对象的几种表现形式如下：

（1）会计的一般对象。会计的一般对象是指会计作为一项管理活动所要核算（反映）和监督（控制）的内容，即会计的客体。

（2）工业企业会计的对象。会计的一般对象是会计核算（反映）和监督（控制）的内容，而核算（反映）和监督（控制）的是能用货币表现的经济活动，是资金运动或价值运动，所以，工业企业会计的对象就是工业企业的资金运动。工业企业资金流转如图1-1所示。

（3）商品流通企业会计的对象。商品流通企业会计的对象就是商品流通企业的资金运动。商品流通企业资金的投入和资金的退出与工业企业基本类似，所不同的是资金的周转，商品流通企业的经营过程一般只分为采购过程和销售过程。商品流通企业资金流转如图1-2所示。

（4）行政、事业单位会计的对象：行政、事业单位会计的对象就是预算资金运动。把会计的对象描述为资金运动，这是很抽象的。会计核算和监督的内容应该是详细具体的，这就要求必须把企业的资金运动进行若干次分类，使之具体化。对资金运动进行的分类就是会计要素；对会计要素进行的分类就是会计科目。根据我国会计准则的规定，我国企业的资金运动分成六大要素，即资产、负债、所有者权益、收入、费用和利润，而每一会计要素又可分成若干会计科目。

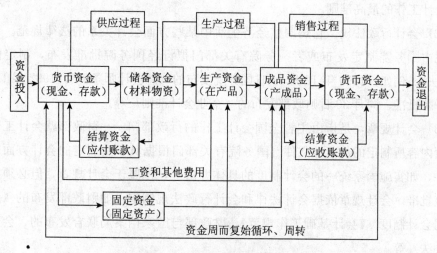

图1-1 产品制造资金循环周转过程

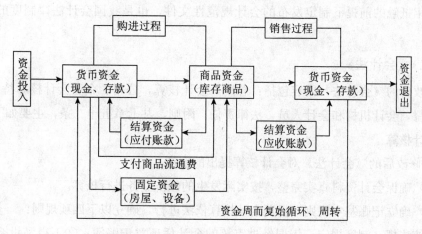

图1-2 商品流转资金循环周转过程

第三节 会计法规和会计人员职业道德

一、会计法规

(一) 会计法规体系

我国的会计法规体系具体包括：

(1) 会计法律，即《会计法》。它是调整我国经济生活中会计关系的法律规范。《会计法》是会计法律制度中层次最高的法律规范，是制定其他会计法规的依据，也是指导会计工作的最高准则。

(2) 会计行政法规。它是调整经济生活中某些方面会计关系的法律规范。会计行政法规由国务院制定发布或者国务院有关部门拟订经国务院批准发布，制定依据是《会计法》。例如，1990 年 12 月 31 日国务院发布的《总会计师条例》，1992 年 11 月 16 日国务院批准、同月 30 日财政部发布的《企业会计准则》等。

(3) 会计规章，是指由主管全国会计工作的行政部门——财政部就会计工作中某些方面内容所制定的规范性文件。国务院有关部门根据其职责制定的会计方面的规范性文件，如实施国家统一的会计制度的具体办法等，也属于会计规章，但必须报财政部审核批准。会计规章依据会计法律和会计行政法规制定，如财政部发布的《股份有限公司会计制度》《会计基础工作规范》，财政部与国家档案局联合发布的《会计档案管理办法》等。

(4) 各省、自治区、直辖市人民代表大会及其常委会在同宪法和会计法律、行政法规不相抵触的前提下制定发布的会计规范性文件，也是我国会计法律制度的重要组成部分。

(二)《会计法》

修改后的《会计法》内容包括：总则，会计核算，公司、企业会计核算特别规定，会计监督，会计机构和会计人员，法律责任，附则，共七章五十二条，主要如下。

会计核算

1. 修改后的《会计法》对会计核算提出的要求

(1) 确保会计资料真实完整，按实际发生的经济业务进行核算。

(2) 确立记账基本规则，保证会计核算依法进行，确立以下四项规则：

①按法规、制度规定，依据经过审核的会计凭证登记账簿；②不得私设会计账簿进行登记和核算；③保证账实、账款、账证、账账和账表相符；④采用的会计处理方

法，应前后各期一致，不得随意更改。

（3）增加公司、企业的会计核算特别规定。

要求公司、企业不得有以下行为：

①随意改变资产、负债、所有者权益的确认标准或计量方法，多列、虚列、不列或少列；②虚列或隐瞒、推迟或提前确认收入；③随意改变费用、成本的确认标准或计量方法，虚列、多列、不列或少列；④随意调整利润计算和分配方法，隐瞒或编造虚假利润；⑤违反国家统一会计制度规定的其他行为。

2. 会计核算规定应当办理会计手续的事项

（1）款项和有价证券的收付；

（2）财物的收发、增减和使用；

（3）债权债务的发生和结算；

（4）资本、基金的增减；

（5）收入、支出、费用、成本的计算；

（6）财务成果的计算和处理；

（7）需要办理会计手续、进行会计核算的其他事项。

会计监督

会计监督的主体——本单位会计机构和会计人员。会计监督的对象——本单位的经济活动。会计监督的内容主要有原始凭证、财产物资、财务收支三个方面，包括以下内容。

1. 建立内部会计监督制度

（1）明确记账、审批、经办、保管等人员职责权限，相互分离，相互制约的制度；

（2）明确对外投资、资产处置，资金调度及重要经济业务的决策和执行的相互监督、牵制的程序；

（3）明确财产清查的范围、期限的组织程序；

（4）明确会计资料定期审计的办法和程序。

2. 明确有关部门在会计监督中的责任

（1）单位负责人保证会计机构和会计人员依法履行职责，不得授意、指使、命令其违法办理会计事项。

（2）会计机构和人员对违反我国《会计法》和统一会计制度规定的会计事项，有权拒办或纠正、检举。

（3）需委托注册会计师审计的单位，应如实提供凭证、账簿、财务会计报告等会计资料，不得要求受托方出具不实或不当的审计报告。

（4）财政部门有权监督各单位账簿设置、会计资料真实完整及会计人员具备从业资格等情况。

（5）财政、税收、审计、银行、证券监管、保险监管等部门应依法对有关单位的会计资料实施监督检查。

会计机构和会计人员

1. 会计机构

《会计法》规定各单位应根据业务需要和自身条件，设置会计机构或人员，其形式有：

（1）设置独立会计机构，指定会计主管人员；

（2）在单位内部其他部门设立专职会计人员；

（3）委托中介机构代理记账；

（4）国有大中型企业必须设立总会计师。

2. 会计人员

从事会计工作人员，必须具备下列条件：

（1）取得会计从业资格证书；

（2）单位会计机构负责人和会计主管人员须具备会计师以上专业技术资格或从事会计工作三年以上经历；

（3）会计人员调动或离职，必须办清交接手续。

法律责任

1. 应给予罚款的违法行为

（1）不依法设置或私设会计账簿；

（2）不按规定取得或填制原始凭证；

（3）以未经审核的会计凭证登记账簿；

（4）随意更改会计处理方法；

（5）向不同会计资料使用者提供编制依据不一的财务会计报告；

（6）未按规定使用会计记录文字或记账本位币；

（7）未按规定保管会计资料，致使会计资料毁损、灭失；

（8）不按规定建立并实施内部会计监督；

（9）不按规定任用会计人员。

上列行为，应责令限期改正，并对单位处以 3 000～50 000 元罚款，直接负责人和其他责任人处以 2 000～20 000 元罚款。国家工作人员还应做行政处分，吊销会计从业资格证书。

2. 应追究刑事责任的行为

（1）伪造或隐匿、故意销毁会计凭证、会计账簿和财务会计报告；

（2）授意、指使、命令会计机构和人员伪造或隐匿、故意销毁会计凭证、会计账簿和财务会计报告；

（3）单位负责人对依法履行职责抵制违法行为的会计人员以处分、调离等方式实行打击报复。

上列各条如尚不构成犯罪，可根据情况，处以罚款。

二、会计准则

（一）会计准则体系

新会计准则体系由 1 个基本准则、41 个具体准则（2006 年发布 38 个，2014 年发布 3 个，共计 41 个）和 2 个应有指南三个层次构成。

1. 基本准则

基本会计准则的作用是"准则的准则"，对 41 个具体准则起着统驭和指导作用，具体会计准则应在基本会计准则规定的框架内，按照会计业务或事项的类别进行制定与执行。主要规范以下几方面的内容。

（1）规定整个会计准则体系的目的。新基本会计准则将会计准则体系的目的归纳为规范企业会计确认、计量和报告行为，保证会计信息质量。向财务报告使用者通过与企业财务状况、经营成果和现金流量等有关的会计信息，反映企业管理层受托责任履行情况，有助于财务会计报告使用者做出经济决策。

（2）规范会计核算的基本前提和会计信息质量要求。新会计准则对会计核算的基本前提（即会计的基本假设）没有作修改变动，仍然是会计主体、持续经营、会计分期和货币计量四个方面。将原来的会计核算一般原则修改为对会计信息质量要求。修改前的会计核算原则为 12 条，要求企业的会计核算要遵循客观性、相关性、可比性、一贯性、及时性、明晰性、历史成本计价、权责发生制、谨慎、配比、划分收益性支出和资本性支出、重要性原则。新会计准则将原来的会计核算原则 12 条原则分成了两部分，一部分改为对会计信息质量提出要求，这些要求包括：真实性、相关性、明晰性、可比性、一贯性、实质重于形式、谨慎性、重要性、及时性等。而将原来的历史成本计价、权责发生制、配比原则作为对会计要素计量提出的要求处理。

（3）规范会计要素及其确认与计量、会计报告整体要求。新基本会计准则仍然将企业会计要素规范为资产、负债、所有者权益、收入、费用和利润六个，未发生变动；原会计准则规定会计要素的计量属性只有历史成本一个，新准则规定的计量属性有五个，即历史成本、重置成本、可变现净值、现值和公允价值，并规定企业在对会计要素进行计量时，一般应当采用历史成本，采用重置成本、可变现净值、现值、公允价值计量的，应当保证所确定的会计要素金额能够取得并可靠计量。新会计准则在原财务会计报告的基础上进行了修改，对报告的内容规范为会计报表、附注和其他应当在财务会计报告中披露的相关信息和资料，即由披露的信息取代了原财务会计报告中的财务情况说明书。

2. 具体会计准则

具体会计准则应根据基本会计准则的精神制定，用来指导企业各类经济业务的确认、计量、记录和报告。41 项具体准则又具体规范了三类经济业务或会计事项的处理：

（1）一般业务处理准则。主要规范各类企业普遍适用的一般经济业务的确认与计量。如存货核算、长期股权投资、固定资产、无形资产、投资性房地产、职工薪酬、收入、建造合同、所得税、股份支付、政府补助、外币折算、借款费用、资产减值、每股收益、企业合并、企业年金基金、财务报表列报、现金流量表、中期财务报告、分部报告、资产负债表日后事项、会计政策、会计估计变更和前期差错更正等。

（2）特殊行业会计准则。主要规范特殊行业的会计业务或事项的处理，如生物资产、石油天然气开采等。

（3）特定业务准则。主要规范特定业务的确认与计量，如债务重组、非货币性资产交换、租赁、或有事项、金融工具确认与计量、金融资产转移、金融工具列报、套期保值、原保险合同、再保险合同等。

（二）会计核算一般原则

（1）客观性——会计核算以实际发生的交易或事项为依据，如实反映企业财务状况，经营成果。

（2）相关性——会计核算所提供的会计信息要与企业内外有关方面的要求相协调。

（3）可比性——会计核算应按国家统一处理方法进行，口径一致，相互可比。

（4）一贯性——会计处理方法应前后各期保持一致，不得随意改变。

（5）及时性——及时收集、加工处理、传递会计信息，讲究时效。

（6）明晰性——会计核算记录，报告应清晰明了，使资料使用者理解和利用。

（7）权责发生制——按实际发生的和影响的期限来确认企业收入和费用。

（8）配比性——收入与其相关的成本费用应在同一会计期间入账，以相互配比。

（9）历史成本——企业的财产物资应按取得时的实际成本计价，不考虑物价变动因素。

（10）划分收益性支出和资本性支出——凡支出的效益仅与本会计年度相关为收益性支出，凡支出的效益与几个会计年度相关为资本性支出。

（11）谨慎性——应采用尽可能不高估资产和所有者权益的会计处理方法，将会计核算建立在较为稳妥可靠基础上。

（12）重要性——对交易或事项应区别其重要程序，采用不同的核算方式。重要的会计事项应在财务会计报告准确披露。

（13）实质性——会计核算不应仅按法律形式，而要以交易或事项的经济实质为依据。

（三）具体准则

2014《企业会计准则》01 号　　存货

2014《企业会计准则》02 号　　长期股权投资（修订版）

2014《企业会计准则》03 号　　投资性房地产

2014《企业会计准则》04 号　　固定资产

2014《企业会计准则》05 号　　生物资产

2014《企业会计准则》06 号　　无形资产

2014《企业会计准则》07 号　　非货币性资产交换

2014《企业会计准则》08 号　　资产减值

2014《企业会计准则》09 号　　职工薪酬（修订版）

2014《企业会计准则》10 号　　企业年金基金

2014《企业会计准则》11 号　　股份支付

2014《企业会计准则》12 号　　债务重组

2014《企业会计准则》13 号　　或有事项

2014《企业会计准则》14 号　　收入

2014《企业会计准则》15 号　　建造合同

2014《企业会计准则》16 号　　政府补助

2014《企业会计准则》17 号　　借款费用

2014《企业会计准则》18 号　　所得税

2014《企业会计准则》19 号　　外币折算

2014《企业会计准则》20 号　　企业合并

2014《企业会计准则》21 号　　租赁

2014《企业会计准则》22 号　　金融工具确认和计量

2014《企业会计准则》23 号　　金融资产转移

2014《企业会计准则》24 号　　套期保值

2014《企业会计准则》25 号　　原保险合同

2014《企业会计准则》26 号　　再保险合同

2014《企业会计准则》27 号　　石油天然气开采

2014《企业会计准则》28 号　　会计政策、会计估计变更和差错更正

2014《企业会计准则》29 号　　资产负债表日后事项

2014《企业会计准则》30 号　　财务报表列报（修订版）

2014《企业会计准则》31 号　　现金流量表

2014《企业会计准则》32 号　　中期财务报告

2014《企业会计准则》33 号　　合并财务报表（修订版）

2014《企业会计准则》34 号　　每股收益

2014《企业会计准则》35 号　　分部报告

2014《企业会计准则》36 号　　关联方披露

2014《企业会计准则》37 号　　金融工具列报（修订版）

2014《企业会计准则》38 号　　首次执行企业会计准则

2014《企业会计准则》39 号　　公允价值计量（新增）

2014《企业会计准则》40 号　　合营安排（新增）

2014《企业会计准则》41 号　　在其他主体中权益的披露（新增）

三、会计工作组织

（一）会计机构

会计机构指的是单位内部所设置的、专门办理会计事项的机构，会计机构和会计人员是会计工作的主要承担者。

我国会计机构主要包括：主管会计工作的机构、业务主管部门的会计机构和单位的会计机构。

1. 会计机构设置

国家管理部门设置的会计机构

《会计法》规定，国务院财政部门是主管全国会计工作的机构，地方各级人民。会计机构：政府的财政部门是主管该地区会计工作的机构。国家各级管理部门分别设置会计司、处、科等。这一任务主要由中央财政部下设的会计司来完成，财政部在会计司内成立了"会计准则委员会"，专门负责会计准则的研究与制定工作。会计司的其他部门还负责相关会计制度的建设工作。国家管理部门会计机构的主要任务包括：组织、指导、监督所属单位的会计工作；审核、汇总所属单位上报的会计报表；核算本单位和上、下级之间缴、拨款等事项。

国家管理部门会计机构与财务的交叉情况

（1）会计准则的制定、修订与解释以及会计准则示范性指南或示范性会计制度的制定工作。

（2）会计人员的专业技术资格考试。

（3）其他有关会计事项。

行政、事业单位设置的会计机构，不仅需满足对经费收支及时进行核算和报告的要求，同时也需遵循内部控制的原则，以保证该单位预算资金的安全与合理地使用。在市场行政事业单位会计与企业单位会计经济的影响、推动下，随着我国政治体制改革的不断深入，全额预算的行政事业单位将越来越少，除国家机关外，大部分事业单位都实行了企业化管理和核算，他们通过各种有偿服务的方式取得收入。其会计机构的设置比全额预算单位复杂得多。对于盈利活动多且复杂的事业单位，其会计机构的设置可比照企业单位进行。

2. 会计机构内部组织设置

（1）独立核算。企业实行独立核算必须具备一定的条件：在财力上有一定的自有资金，单独在银行开设账户，对自有资金有独立的支配权和使用权；在会计上能全面地记账、结算，单独计算盈亏，并定期编制财务报表；在经营上有独立的自主经营权。独立核算单位可以分为集中核算和分散核算两种。集中核算是指账务工作全部在会计部门进行，包括制证、记账和编制会计报表。会计部门以外的业务、储运、总务或分支机构只对其发生的经济业务填制原始凭证，定期送会计部门审核制证或结算记账。其优点是减少核算环节，简化核算手续，有利于及时掌握全面经营情况和精减人员，一般适应于中、小型企业。分散核算是指企业的其他部门或分支机构，在会计部门指导下，实行半独立核算或简易核算，其优点是便于发挥基层单位的作用。

（2）半独立核算。半独立核算是指独立核算企业所属的业务单位，其规模比较大，在业务经营和成本费用的管理上有一定的独立性，但不具备完全独立核算的某些必要条件，如没有独立的资金，不能在银行开户等。这些单位的会计人员可以单独编制会计凭证，单独记账和编制会计报表，然后报会计部门汇总，对外结算则通过会计部门办理。企业内部的二级经营单位，如大中型批发企业的业务部，大中型零售企业的门市部、分销店，通常采用这种核算形式。其优点是部门责任人能及时掌握部门的经营情况和经营成果。

（3）简易核算。简易核算是指不独立核算的企业部门或柜组，由兼职或专职核算员对本部门或本柜组的直接有关的经济指标进行简易核算，对全部交易单证和结算凭证，则报送主管财会部门进行会计核算。如零售企业的柜组，一般在定额的基础上核算销货额、销货毛利、商品库存以及直接与柜组有关的费用支出等指标，以考核本柜组的经营成果。

四、会计人员的职业道德

（1）爱岗敬业。这是财会人员职业道德规范的首要前提。它要求财会人员充分认识本职工作在整个经济和社会事业发展过程中的地位和作用，从而珍惜自己的工作岗位，热爱本职工作，做到干一行爱一行，兢兢业业，一丝不苟。同时，还要求财会人员在工作中自觉主动地履行岗位职责，以积极向上的健康心态做好工作，牢固树立全心全意为人民服务的思想，正确处理责、权、利三者关系；要求财会人员具有强烈的事业心、责任感和高度负责的精神，严格遵守财经法规和核算规程，杜绝玩忽职守、失职、渎职，更不得搞账外账甚至做假账，偶尔发生失误，必须速查原因，拿出对策，杜绝类似错误再度发生。总之，要切忌患得患失，做到恪尽职守。

（2）熟悉法规。这是财会人员职业道德规范的重要基础。财会工作涉及面广，为了正确处理各方的关系，要求财会人员必须熟悉财经方针政策和各种会计法律法规与制度，确保财务处理的正确性，同时从记账方法、科目运用、账簿设置、核算规程、会计报告等方面确保会计处理的准确性和及时性，做到会计专门方法运用恰当、成本费用及损益核算准确、资产负债权益反映真实。为此，需要财会人员不断学习，经常充电，力戒浮躁，努力提升自身的业务水准。

（3）依法办事。这是财会人员职业道德规范的重中之重。财会工作以法律法规为指导，以会计处理为载体，涉及社会经济生活中的所有经济事项和各色人等，财会人员必须自觉遵守《会计法》和相关的会计规章制度，正确处理国家、集体和个人三者利益关系，把好关口，依法理财，当一名合格的经济卫士，做到"不唯上，不唯情（钱），只唯法"。为此，要求财会人员必须具备高度的政治责任感，牢固树立财经法制意识，时刻保持清醒的头脑，做到既不助纣为虐，又不监守自盗，在市场经济的风浪中勇立潮头。

（4）客观公正。这是财会人员职业道德规范的灵魂。财会工作的首要职能就是对各项经济活动进行客观公正的记录与反映，其本质特征体现为"真实性"，离开了实际发生的客观经济事项去进行会计处理只能是造假账。而公正的本质则体现为合理性，对一些特殊会计事项的处理必须坚持公正合理的原则，这不仅是职业道德规范的要求，也是财会人员个人品德的体现，财会工作实践中经常出现的若干矛盾和问题，大多与此相关。因此，作为掌握一定财权的"内当家"，财会人员必须正确行使自己的职权，强化自身品德修养和职业道德修养。

（5）搞好服务。这是财会人员职业道德规范的时代要求。随着改革的进一步深化和经济发展的不断加快，财会工作的服务功能日益受到人们的普遍关注。财会人员如何用"会计"这一工具为经济和社会事业的发展提供积极有效的服务，是新时期财会工作者必须研究探索和实践的一个重大课题。从服务的类型上看有三个方面：一是政策服务。由于财会人员熟悉财经法规，可以向单位领导和内部其他部门提供财经政策咨询服务，以避免走弯路，保证单位的健康运行。二是资金服务。财会人员负责资金的筹措与供应，这对一个单位完成经营目标至关重要，对资金合理调度与科学运筹是保证一个单位顺利发展的关键之一。三是管理服务。财会部门是一个单位从事财务管理的职能部门，而财务管理又是整个单位内部管理的中心环节，有效的财务管理，通过会计核算的支撑可以最大限度地促进提速降本增效，提升市场竞争力与占有率。从服务的对象上看，既可为国家服务（及时足额上缴税收），又可为单位服务（实现利润最大化），还可为职工服务（保证职工的工资、福利、保险等相关权益），财会人员要根据发展变化了的新形势及时调整服务类型，保证服务重点，统筹兼顾，科学运作，努力提高服务水平、服务质量和服务效率。

（6）保密守信。这是财会人员职业道德规范的基本要求。财会信息涵盖一个单位整个生产经营各个环节的方方面面，会计报表是综合反映一个单位经济运行和财务状况与经营成果的数字报告。在市场竞争日益残酷的今天，财会人员必须对本单位以财务成本资料为主的相关财会信息和商业秘密，严格保密，不得外传，这是财会人员职业道德的基本要求。同时，财会人员还要尽最大的努力，围绕单位经济运行的总体目标，在对外交往和商品交易的过程中切实做到诚实可信，履行承诺。

第四节　会计基础知识

一、会计假设

会计主体是指企业会计确认、计量和报告的空间范围。会计主体不同于法律主体。一般来说，法律主体就是会计主体，但会计主体不一定是法律主体。会计主体界定了会计核算的空间范围。

持续经营是指在可以预见的将来，企业将会按当前的规模和状态继续经营下去，不会停业，也不会大规模削减业务。

会计分期是指将一个企业持续经营的生产经营活动划分为若干连续的、长短相同的期间。在会计分期假设下，会计核算应划分会计期间，分期结算账目和编制财务报告。会计期间分为年度和中期。年度和中期均按公历起讫日期确定。中期是指短于一个完整的会计年度的报告期间。

货币计量是指会计主体在进行会计确认、计量和报告时以货币计量，反映会计主体的生产经营活动。

二、会计信息质量要求

1. 可靠性

可靠性要求企业应当以实际发生的交易或者事项为依据进行会计确认、计量和报告，如实反映符合确认和计量要求的各项会计要素及其他相关信息，保证会计信息真实可靠、内容完整。

2. 相关性

相关性要求企业提供的会计信息应当与投资者等财务报告使用者的经济决策需要相关，有助于投资者等财务报告使用者对企业过去、现在或者未来的情况做出评价或者预测。

3. 可理解性

可理解性要求企业提供的会计信息应当清晰明了，便于投资者等财务报告使用者理解和使用。

4. 可比性

可比性要求企业提供的会计信息应当相互可比。具体包括下列要求：

（1）同一企业对于不同时期发生的相同或者相似的交易或者事项，应当采用一致的会计政策，不得随意变更。

（2）不同企业同一会计期间发生的相同或者相似的交易或者事项，应当采用规定的会计政策，确保会计信息口径一致、相互可比，即对于相同或者相似的交易或者事项，不同企业应当采用一致的会计政策，以使不同企业按照一致的确认、计量和报告基础提供有关会计信息。

5. 实质重于形式

实质重于形式要求企业应当按照交易或者事项的经济实质进行会计确认、计量和报告，不应仅以交易或者事项的法律形式为依据。如果企业仅以交易或者事项的法律形式为依据进行会计确认、计量和报告，那么就容易导致会计信息失真，无法如实反映经济现实和实际情况。

6. 重要性

重要性要求企业提供的会计信息应当反映与企业财务状况、经营成果和现金流量有关的所有重要交易或者事项。

7. 谨慎性

谨慎性要求企业对交易或者事项进行会计确认、计量和报告时应当保持应有的谨慎，不应高估资产或者收益、低估负债或者费用。但是，谨慎性的应用并不允许企业设置秘密准备，如果企业故意低估资产或者收益，或者故意高估负债或者费用，将不符合会计信息的可靠性和相关性要求，损害会计信息质量，扭曲企业实际的财务状况和经营成果，从而对使用者的决策产生误导，这是会计准则所不允许的。

8. 及时性

及时性要求企业对于已经发生的交易或者事项，应当及时进行确认、计量和报告，不得提前或者延后。如不满足及时性会计信息质量要求，可能会影响会计信息的可靠性。

三、会计要素及其确认与计量原则

会计要素是指按照交易或事项的经济特征所做的基本分类，分为反映企业财务状况的会计要素（资产、负债和所有者权益）和反映企业经营成果的会计要素（收入、费用和利润）。

1. 资产的定义及其确认条件

（1）资产的定义。资产是指企业过去的交易或者事项形成的、由企业拥有或者控制的、预期会给企业带来经济利益的资源。

（2）资产的确认条件。将一项资源确认为资产，需要符合资产的定义，并同时满足以下两个条件：与该资源有关的经济利益很可能流入企业；该资源的成本或者价值能够可靠地计量。

2. 负债的定义及其确认条件

（1）负债的定义。负债是指企业过去的交易或者事项形成的、预期会导致经济利益流出企业的现时义务。

（2）负债的确认条件。将一项现时义务确认为负债，需要符合负债的定义，并同时满足以下两个条件：与该义务有关的经济利益很可能流出企业；未来流出的经济利益的金额能够可靠地计量。

3. 所有者权益的定义及其确认条件

（1）所有者权益的定义。所有者权益是指企业资产扣除负债后，由所有者享有的剩余权益。公司的所有者权益又称为股东权益。所有者权益是所有者对企业资产的剩余索取权。

（2）所有者权益的来源构成。所有者权益的来源主要包括所有者投入的资本、直接计入所有者权益的利得和损失、留存收益等。所有者投入的资本是指所有者投入企业的资本部分，它既包括构成企业注册资本或者股本部分的金额，也包括投入资本超过注册资本或者股本部分的金额，即资本溢价或者股本溢价，这部分投资资本作为资产公积（资本溢价）反映。直接计入所有者权益的利得和损失，是指不应计入当期损益、会导致所有者权益发生增减变动的、与所有者投入资本或者向所有者分配利润无关的利得或者损失。

注：利得是指由企业非日常活动所形成的、会导致所有者权益增加的、与所有者投入资本无关的经济利益的流入；损失是指由企业非日常活动所发生的、会导致所有者权益减少的、与向所有者分配利润无关的经济利益的流出。留存收益是企业历年实现的净利润留存于企业的部分，主要包括计提的盈余公积和未分配利润。

（3）所有者权益的确认条件。由于所有者权益体现的是所有者在企业中的剩余权益，因此，所有者权益的确认主要依赖于其他会计要素，尤其是资产和负债的确认，所有者权益金额的确定也主要取决于资产和负债的计量。

4. 收入的定义及其确认条件

（1）收入的定义。收入是指企业在日常活动中形成的、会导致所有者权益增加的、与所有者投入资本无关的经济利益的总流入。

（2）收入的确认条件。收入在确认时除了应当符合收入定义外，还应当满足严格的确认条件。收入只有在经济利益很可能流入，从而导致企业资产增加或者负债减少、且经济利益的流入额能够可靠计量时才能予以确认。因此，收入的确认至少应当符合以下条件：一是与收入相关的经济利益应当很可能流入企业；二是经济利益流入企业的结果会导致企业资产的增加或者负债的减少；三是经济利益的流入额能够可靠地计量。

5. 费用的定义及其确认条件

（1）费用的定义。费用是指企业在日常活动中发生的、会导致所有者权益减少的、与向所有者分配利润无关的经济利益的总流出。

（2）费用的确认条件。费用的确认除了应当符合费用定义外，还应当满足严格的条件，即费用只有在经济利益很可能流出，从而导致企业资产减少或者负债增加、且经济利益的流出额能够可靠计量时才能予以确认。因此，费用的确认至少应当符合以下条件：一是与费用相关的经济利益应当很可能流出企业；二是经济利益流出企业的结果会导致资产的减少或者负债的增加；三是经济利益的流出额能够可靠计量。

6. 利润的定义及其确认条件

（1）利润的定义。利润是指企业在一定会计期间的经营成果，反映的是企业的经营业绩情况，是业绩考核的重要指标。

（2）利润的来源构成。利润包括收入减去费用后的净额、直接计入当期利润的利得和损失等。其中，收入减去费用后的净额反映的是企业日常活动的业绩，直接计入当期利润的利得和损失反映的是企业非日常活动的业绩。直接计入当期利润的利得和损失，是指应当计入当期损益、最终会引起所有者权益发生增减变动的、与所有者投入资本或者向所有者分配利润无关的利得或者损失。企业应当严格区分收入和利得、费用和损失之间的区别，以更加全面地反映企业的经营业绩。

收入与利得、费用与损失的区别与联系如表 1-1 所示。

表 1-1　　　　　　　　　　收入与利得、费用与损失的区别与联系

项目	区别	联系
收入与利得	（1）收入与日常活动有关，利得与非日常活动有关 （2）收入是经济利益总流入，利得是经济利益净流入	都会导致所有者权益增加，且与所有者投入资本无关
费用与损失	（1）费用与日常活动有关，损失与非日常活动有关 （2）费用是经济利益总流出，损失是经济利益净流出	都会导致所有者权益减少，且与向所有者分配利润无关

注意：利得和损失可能直接计入所有者权益，也可能先计入当期损益，最终影响所有者权益。利得和损失的会计处理如图 1-3 所示。

利得和损失	（1）直接计入所有者权益（资本公积——其他资本公积）	所有者权益
	（2）先计入利润表（营业外收入、营业外支出、投资收益等），再影响所有者权益	

图 1-3 利得和损失的会计处理

（3）利润的确认条件。利润反映的是收入减去费用、利得减去损失后的净额，因此，利润的确认主要依赖于收入和费用以及利得和损失的确认，其金额的确定也主要取决于收入、费用、利得、损失金额的计量。

（4）利润表。如表 1-2 所示。

表 1-2 　　　　　　　　　　　　　　　　利 润 表

编制单位：　　　　　　　　　　　　　年　　月　　　　　　　　　　　　　单位：元

项目	本期金额	上期金额
一、营业收入		
减：营业成本		
营业税金及附加		
销售费用		
管理费用		
财务费用		
资产减值损失		
加：公允价值变动损益（损失以"－"填列）		
投资收益（损失以"－"填列）		
其中：对联营企业和合营企业的投资收益		
二、营业利润（亏损以"－"填列）		
加：营业外收入		
减：营业外支出		
其中：非流动资产处置损益		
三、利润总额（亏损以"－"填列）		
减：所得税费用		
四、净利润（净亏损以"－"填列）		
五、每股收益：		
（一）基本每股收益		

项目	本期金额	上期金额
（二）稀释每股收益		
六、其他综合收益		
七、综合收益总额		

四、会计要素计量属性

企业在将符合确认条件的会计要素登记入账并列报于财务报表时，应当按照规定的会计计量属性进行计量，确定其金额。会计计量属性主要包括：①历史成本；②重置成本；③可变现净值；④现值；⑤公允价值。

企业在对会计要素进行计量时，一般应当采用历史成本。在某些情况下，为了提高会计信息质量，实现财务报告目标，企业会计准则允许采用重置成本、可变现净值、现值、公允价值计量，应当保证所确定的会计要素金额能够取得并可靠计量，如果这些金额无法取得或者可靠地计量，则不允许采用其他计量属性。

五、会计循环

1. 会计循环的定义

会计循环：会计记录、分类和总结会计记录的过程经常被称作会计循环。会计信息起始于商业交易的初始记录，包括正式的财务报表的编制（合计资产、负债和所有者权益）。这个循环意味着这些程序必须持续重复，在合理的会计期间准备新的、更新的财务报表。

会计循环是在经济业务事项发生时，从填制和审核会计凭证开始，到登记账簿，直至编制财务会计报告，即完成一个会计期间会计核算工作的过程。企业将一定时期发生的所有经济业务，依据一定的步骤和方法加以记录、分类、汇总，直至编制会计报表的会计处理全过程。在连续的会计期间，这些工作周而复始地不断循环进行。

2. 会计循环的基本内容

（1）对于发生的经济业务进行初步的确认和记录，即填制和审核原始凭证；

（2）填制记账凭证，即在审核的原始凭证的基础上，通过编制会计分录填制记账凭证；

（3）登记账簿，包括日记账、总分类账和明细分类账；

（4）编制调整分录，其目的是为了将收付实现制转换为权责发生制；

（5）结账，即将有关账户结算出本期总的发生额和期末余额；

（6）对账，包括账证核对、账账核对和账实核对；

（7）试算平衡，即根据借贷记账法的基本原理进行全部总分类账户的借方与贷方总额的试算平衡；

（8）编制会计报表和其他财务报告。

3. 会计循环的基本流程

第一，根据经济业务实际发生和完成的真实情况编制必要的会计分录。

第二，根据每笔会计分录所确定的应借、应贷金额，分别记入有关总分类账户和明细分类账户之中。

第三，根据会计等式的平衡关系来检查、验证会计分录和过账工作有无错误，以确定账本记录的正确性。

第四，根据权责发生制和配比原则的要求，按照收入、费用的归属期，对账本记录进行必要的调整，从而正确地计算出当期损益和反映企业会计期末的财务状况。

第五，根据分类账户提供的会计数据和会计主体财产清查的结果，在每一个会计期末进行对账，以确保账簿所反映的会计资料的正确、真实和可靠。

第六，根据一定时期内全部入账的经济业务的内容，将各种账簿记录结算清楚，即结算出本期发生额和期末余额，以便为编制会计报表提供标准的资料。

第七，根据分类账户中有关账户的发生额和各账户的期末余额，编制资产表、损益表、现金流量表及其附表以及财务状况说明书，从而使得投资者、经营者、债权人及政府的财政、税务、审计等监督部门可以及时地了解报表单位的会计信息，以满足相关部门做出经济决策的需要。

4. 会计循环的实际问题

第一步：分析交易过程和商业文书。会计循环的第一步是分析交易过程和商业文书（销售发票、支票存根和其他交易记录凭证）。商业文书是确认交易发生和确认交易记录金额的。会计人员必须采用最适当的方法处理每一笔交易，判断出它对会计平衡的经济影响。这是会计循环的关键步骤。

第二步：记录交易日志。会计循环的第二步是定期记录交易结果。作为原始凭证，日志提供所有实体交易的流水账。他们现实交易日期、合计数和受交易影响的特别会计账户。通常一笔交易的表述也包括这些内容。公司可以使用总账和明细账去记录所有的交易。一个特别的形式被使用在总账中的记录日志中（日记账）。先写借方，再写贷方。通常凭证的时间和摘要被认为是基本要素。这种形式被认为是日记账。

第三步：将凭证过到账户中。一旦交易被确认，记录在日记账中，就需要分类和汇总相同的信息。这以过日记账到相应的科目完成。所有以会计记录维护的账户叫总账。分类账是将日记账记录并根据会计科目分类汇总的集合。一个公司将或多或少地需要提供一个合理的处理后的分类信息。一个公司使用的会计清单通常是会计图表。

第四步：确定会计科目平衡和准备试算平衡表。每一个会计期末，在所有完成交易的凭单记账并归类到分类账户后，试算平衡表。将被制作出来。因此，它通常被称为期末调整的试算平衡表。一个试算平衡表列示了所有的借方和贷方科目。通过添加所有的借方和贷方平衡表，会计人员可以发现借方合计等于贷方合计。即使试算平衡表借贷相等，也可能存在错误。一笔交易如果被完全删除，或者记录金额错误，或者使用了错误的科目，通过编制试算平衡表以上各种类型的错误不会被发现，因此需要额外的分析。

第五步：准备工作底稿，调整分录编制。未经调整的试算平衡表必须调整所有对公司有影响的调整分录。这些调整可能通过下列两种方式完成：①记录所有在会计日志中的调整分录并迅速过渡到总分类账，同时从总账获得调整过的试算平衡表用于准备财务报表；②将未调整的凭证直接记入工作底稿，工作底稿可以被设计成包括调整过的试算平衡表和未分类的损益表，保留收入报表和资产负债表。工作底稿要求能体现财务状况的变化。注意：工作底稿不是基本会计记录的一部分，它是一种个别的简化的技巧，这种技巧通常可以提高工作效率，减少工作流程中的错误。它不可以代替会计报表和任何日记账。

第六步：准备财务报表。一旦所有交易的分析、记账、提交工作完成和所有调整分录编制完成，会计科目就可以被汇总，以财务报表的形式显示出来。如果采用了工作底稿，损益表和资产负债表的信息就可以直接从中得到。如果工作底稿没有被采用，那么财务报表的数据将直接来源于分类账户。财务报表的某些细节将在随后的章节中讨论。

第七步：记录和提交调整分录。调整分录必须记录汇总的日记账，随后以与其他日记账相同的方式提交到总分类账。注意，每笔调整分录必须包括一个（或多个）永久性科目（资产负债表科目）和一个（或多个）临时性科目（损益表科目）。通过编制和提交调整分录，损益表和资产负债表将反映出适当的经营结果和会计期末的财务状况。

第八步：制作结账凭证。当财务报表制作完成，调整分录被记录和提交，结账的程序就必须完成。结账的目的是将所有临时科目借贷平衡的两方过到留存收益科目。其结果是留存收益将随净收入总量的增加而增加，随净损失的增加而减少。每个临时科目清零后，出现在下一会计年度期初。除非留存收益发生变化，永久性科目不会受结账程序的影响。

结账凭证仅在每个会计期末记录，并被标注日期。如果没有编制工作底稿，结账凭证可以从工作底稿获得，或者从被调整的试算平衡表获得。

第九步：编制结账后的试算平衡表。试算平衡表的目的是确认借贷方平衡和提供平衡的会计科目用于其他用途。未调整的试算平衡表和调整后的试算平衡表已经讨论过。编制完结账凭证后的第三种试算平衡表通常被采用。这种报表被称为结账后的试算平衡表。它通常被用于确认下一会计年度的期初借贷方是否平衡。

第十步：编制回转凭证，为下一年的信息录入做准备，会计科目将为下一年度的信息录入做好准备。在输入新的信息之前，许多公司往往编制和提交回转凭证。（回转凭证在下一年度的第一天制作出来，仅将上一期末所做调整分录做相反的记载，即仅改变账户借贷方向，金额不变）转换分录只有一个目的，就是简化下一年度的会计分录。根据规则，以下两笔调整分录需要作反向记录：①产生费用和收入的分录；②记录在临时账户的递延费用和递延收入。

六、借贷记账法

借贷记账法是以会计等式作为记账原理，以借、贷作为记账符号来反映经济业务增减变化的一种复式记账方法。理论依据：资产＝负债＋所有者权益。

注：随着商品经济的发展，借贷记账法得到了广泛的应用，记账对象不再局限于债权、债务关系，而是扩大到要记录财产物资增减变化和计算经营损益。原来仅限于记录债权、债务的"借""贷"二字已不能概括经济活动的全部内容。它表示的内容应该包括全部经济活动资金运动变化的来龙去脉，它们逐渐失去了原来字面上的含义而转为一种单纯的记账符号，只表明记账的方向，成为了一种专门的会计术语。

（一）账户结构

借贷记账法下，所有账户的结构都是左方为借方，右方为贷方，但借方、贷方反映会计要素数量变化的增减性质则是不固定的。不同性质的账户，借贷方所登记的内容不同，下面分别说明各类账户的结构。

1. 资产类账户的结构

在资产类账户中，它的借方记录资产的增加额，贷方记录资产的减少额。在同一会计期间（年、月），借方记录的合计数额称作本期借方发生额，贷方记录的合计数称作本期贷方发生额，在每一会计期间的期末将借贷方发生额相比较，其差额称作期末余额。资产类账户的期末余额一般在借方。

资产类账户的期末余额可根据：期末余额（借方）＝期初余额＋本期借方发生额－本期贷方发生额。

资产类账户

期初余额	
（1）本期增加发生额	（2）本期减少发生额
期末余额	

2. 负债类账户和所有者权益类账户的结构

负债及所有者权益类账户的结构与资产类账户正好相反，其贷方记录负债及所有者权益的增加额；借方记录负债及所有者权益的减少额，期末余额一般应在贷方。

负债类账户和所有者权益类账户的期末余额可根据下列公式计算：期末余额（贷方）＝期初余额＋本期贷方发生额－本期借方发生额。

负债类账户

	期初余额
（2）本期减少发生额	（1）本期增加发生额
	期末余额

3. 成本费用类账户的结构

成本类账户的结构与资产类账户的结构基本相同，账户的借方记录费用成本的增加额，账户的贷方记录费用成本转入抵销收益类账户（减少）的数额，由于借方记录的费用成本的增加额一般都要通过贷方转出，所以账户通常没有余额。如果有余额，也表现为借方余额。

成本费用类账户

（1）本期增加发生额	（2）本期减少发生额

4. 收益类账户的结构

收益类账户的结构则与负债类账户和所有者权益类账户的结构基本相同，收入的增加额记入账户的贷方，收入转出（减少额）则应记入账户的借方，由于贷方记录的收入增加额一般要通过借方转出，所以账户通常也没有期末余额。如果有余额，同样也表现为贷方余额。

收益类账户

（2）本期减少发生额	（1）本期增加发生额

5. 记账规则

借贷记账法的记账规则可以概括为：有借必有贷，借贷必相等。

第一，在运用借贷记账法记账时，对每项经济业务，既要记录一个（或几个）账户的借方，又必然要记录另一个（或几个）账户的贷方，即"有借必有贷"；账户借方记录的金额必然等于账户贷方的金额，即"借贷必相等"。

第二，所记录的账户可以是同类账户，也可以是不同类账户，但必须是两个记账方向，既不能都记入借方，也不能都记入贷方。

第三，记入借方的金额必须等于记入贷方的金额。

任何经济业务的发生，都会引起资产、负债、所有者权益等会计要素发生相应变动。但无论发生任何经济业务，它们对资产和负债或者所有者权益的影响不外乎是以下的几种类型。即：

（1）资产和负债或者所有者权益同时增加，资金总额增加。对这类经济业务，一方面要将发生的金额登记到资产类账户的借方，另一方面同时要以相等金额登记到负债或所有者权益的贷方。

（2）资产和负债或者所有者权益同时减少，资金总额减少。对这类经济业务，一方面要将发生的金额登记到资产类账户的贷方，另一方面同时要以相等金额登记到负债或所有者权益的借方。

（3）发生经营收入，一般会导致资产和收入同时增加，资金总额增加。对这类经济业务，一方面要将发生的金额登记入资产类账户的借方，另一方面同时要以相等金额登记到收入账户的贷方。

（4）发生经营费用，一般会导致资产减少与费用增加，资金总额不变。对这类经济业务，一方面要将发生的金额登记到资产类账户的贷方，另一方面同时要以相等金额登记到费用账户的借方。

（5）资产内部项目互相转化，即两个项目一增一减，资金总额不变。对这类经济业务，一方面要将发生的金额登记到某一资产账户的借方，另一方面同时要以相等金额登记到另一资产账户的贷方。

（6）负债或所有者权益一增一减，资金总额不变。对这类经济业务，一方面要将发生的金额登记到某一负债或所有者权益账户的贷方，另一方面同时要以相等金额登记到另一负债或所有者权益账户的借方。

举例如下：

发生坏账：

借：坏账准备

　贷：应收账款

收到票据：

借：应收票据

    贷：主营业收入

        应交税金

其优点主要有以下几方面：

（1）有利于分析经济业务，加强经济管理；

（2）有利于防止和减少记账差错；

（3）在账户设置上较为灵活；

（4）有利于会计电算化。

（二）会计分录

会计分录是指根据经济业务的内容指明应借应贷账户的方向、账户名称及其金额的一种会计记录，包括要素记账方向、账户名称、金额。其会计分录种类包括简单分录：只涉及两个账户的会计分录。复合分录：只涉及两个（不包括两个）以上的会计分录。

其编制要求如下：

（1）一般是先写借方的内容，后写贷方的内容。

（2）借方和贷方的内容应当采取错格表示，即借方要比贷方往前一格，以表示账户之间的对应关系。

（3）每个账户只能书写一行，经纪业务事项涉及几个账户就应该分别写几行，不能把涉及的账户都写在一行。

（三）计算方法

试算平衡就是指在某一时日（如会计期末），为了保证本期会计处理的正确性，依据会计等式或复式记账原理，对本期各账户的全部记录进行汇总、测算，以检验其正确性的一种专门方法。通过试算平衡，可以检查会计记录的正确性，并可查明出现不正确会计记录的原因，进行调整，从而为会计报表的编制提供准确的资料。

在借贷记账法下，根据借贷复式记账的基本原埋，试算平衡的方法主要有两种：本期发生额平衡法和余额平衡法。

1. 本期发生额平衡法

本期发生额平衡法是指将全部账户的本期借方发生额和本期贷方发生额分别加总后，利用"有借必有贷，借贷必相等"的记账规则来检验本期发生额账户处理正确性的一种试算平衡方法，其试算平衡公式如下：

        全部账户本期借方发生额合计＝全部账户本期贷方发生额合计

（发生额是属于期间动态的会计指标，反映资金的增减变化，所以又称为动态平衡公式）

这种试算平衡方法的原理是：在平时编制会计分录时，都是"有借必有贷，借贷必相等"，将其记入有关账户经汇总后，也必然是"借贷必相等"。本期发生法平衡法主要是用来检查本期发生的经济业务在进行各种账户处理时的正确性。

2. 余额平衡法

余额试算平衡法就是根据本期所有账户借方余额合计与贷方余额合计的恒等关系，检验本期账户记录是否正确的方法。其理论依据是资产和权益的恒等关系。余额试算平衡法又可分为期初余额平衡与期末余额平衡两类。其试算平衡公式如下：

全部账户的借方期末余额＝全部账户的贷方期末余额

全部账户的借方期初余额＝全部账户的贷方期初余额

（余额是属于时点静态的会计指标，反映资金增减变动后的结果，所以又称为静态平衡公式）

余额平衡法的基本原理：在借贷记账法下，资产账户的期末余额在借方，负债和所有者权益账户的期末余额在贷方，由于存在"资产＝负债＋所有者权益"的平衡关系，所以全部账户的借方期末余额合计数应当等于全部账户的贷方期末余额合计数。余额平衡法主要是通过各种账户余额来检查、推断账户处理正确性的。

如果试算不平衡，说明账户的记录肯定有错，如果试算平衡，说明账户的记录基本正确，但不一定完全正确。这是因为有些错误并不影响借贷双方的平衡。发生这类不影响平衡关系的错误通常包括以下几个方面：

（1）某项经济业务在有关账户中全部重记、全部漏记或多记、少记，且金额一致等错误，并不能通过试算平衡来发现。但试算平衡仍是检查账户记录是正确的。

（2）某项经济业务记错账户，而方向无误，借贷仍然平衡；

（3）某项经济业务记录的应借、应贷账户相互颠倒，借贷仍然平衡；

（4）记录某账户的错误金额一多一少，恰好互相抵消，借贷仍然平衡。

借与贷的形式有以下几种。

借与贷的对应关系有单一型和复合型。单一型即"一借一贷"，借方有一个会计科目，贷方也只有一个会计科目。复合型有"一借多贷""多借一贷""多借多贷"。

一借多贷：借方一个会计科目对应（即金额的对应相等）贷方多个会计科目；

多借一贷：借方多个会计科目对应贷方一个会计科目；

多借多贷：借方多个会计科目对应贷方多个会计科目；一般只在一笔经济交易或事项客观存在复杂关系时才使用，编制会计分录时应尽量避免。

主要形式体现在以下几方面：

（1）资金流入企业的业务。即资产与负债、所有者权益同时增加。资产增加记入有关账户的"借方"，负债和所有者权益增加记入有关账户的"贷方"。

（2）资金在企业内部流动的业务。即资产、收入和费用之间或资产要素内部的增减。资产和费用的增加以及收入减少记入相关账户的"借方",收入增加以及资产和费用的减少记入相关账户的"贷方"。

(3) 权益转化的业务。即负债、所有者权益和利润三者之间或一个要素内部有增有减。负债、所有者权益的增加以及利润的增加记入相关账户的"贷方",利润减少以及负债、所有者权益的减少则记入相关账户的"借方"。

(4) 资金退出企业的业务。即资产和负债、所有者权益同时减少。资产减少记入有关账户的"贷方",负债及所有者权益减少则记入有关账户的"借方"。由此可以看出,每类业务都要同时记入有关账户的借方和另一些账户的贷方,且记入双方的金额相等。

第二章 货币资金

第一节 货币资金

一、定 义

货币资金是指可以立即投入流通、用以购买商品或劳务，或用以偿还债务的交换媒介物。企业所拥有的货币资金量是分析判断企业偿债与支付能力等的重要指标。货币资金包括库存现金、银行存款和其他货币资金。

例如，火凤凰公司的货币资金主要是现金和银行存款，如通过购买煤等原材料付出现金或银行存款 25 399 元，借记：原材料——煤炭 25 399，贷记：银行存款 25 399；通过销售蒽油产品取得现金或银行存款 6 737 360 元，借记：银行存款 6 737 360，贷记：销售收入——蒽油 6 737 360，由出纳记入相应的现金日记账或银行存款日记账。

二、内部控制制度

（一）内部控制制度的基本要求

内部控制制度是企业重要的内部管理制度，指处理各种业务活动时，依照分工负责的原则在有关人员之间建立的相互联系、相互制约的管理体系。其基本要求是：

（1）货币资金收支与记录的岗位分离；

（2）收支凭证经过有效复核或核准；

（3）收支及时入账且收支分开处理；

（4）建立严密的清查和核对制度、做到账实相符；

（5）制定严格的现金管理及检查制度等。

（二）货币资金内部控制制度的主要内容

（1）货币资金收支业务的全过程分工完成、各负其责；

（2）货币资金收支业务的会计处理程序制度化；

（3）货币资金收支业务与会计记账分开处理；

（4）货币资金收入与货币资金支出分开处理；

（5）内部稽核人员对货币资金实施制度化的检查。

参见本章最后的安泰公司和杰克公司案例。

第二节　现　金

一、现金定义

现金是通用的交换媒介，也是对其他资产计量的一般尺度，现金仅仅指库存现金，即企业金库中存放的现金，包括人们经常接触的纸币和硬币等。

例 2-1：火凤凰公司赵小丽报销业务招待费，支出现金 90 元。

借：现金——赵小丽　　　　　　　　　　　　90

　　贷：银行存款或备用金　　　　　　　　　　　　90

借：销售处——赵小丽报销招待费　　　　　　90

　　贷：现金——赵小丽　　　　　　　　　　　　　90

例 2-2：购买柴油付出现金 3 300 元。

借：现金——赵小丽　　　　　　　　　　　3 300

　　贷：银行存款或备用金　　　　　　　　　　　3 300

借：销售处——交通费　　　　　　　　　　3 300

　　贷：现金——赵小丽　　　　　　　　　　　　3 300

例 2-3：公司销售货物收入货款。

借：现金　　　　　　　　　　　　　　　　7 670

　　贷：主营业务收入　　　　　　　　　　　　6 556

　　　　应交税费——应交增值税（销项税）　　1 114

二、现金管理

（一）现金的管理范围

（1）职工工资、津贴；

（2）个人劳务报酬；

（3）根据国家规定颁发给个人的科学技术、文化艺术、体育等各种奖金；

（4）各种劳保、福利费用以及国家规定的对个人的其他支出；

（5）向个人收购农副产品和其他物资的价款；

（6）出差人员必须随身携带的差旅费；

（7）结算起点以下的零星支出；前款结算起点定为 1 000 元。结算起点的调整，由中国人民银行确定，报国务院备案。

（8）中国人民银行确定需要支付现金的其他支出。

开户单位支付给个人的款项，超过使用现金限额的部分，应当以支票或者银行本票支付；确需全额支付现金的，经开户银行审核后，予以支付现金。

（二）现金收支规定

（1）现金收入应于当日送存银行，如当日送存银行确有困难，由银行确定送存时间。

（2）企业可以在现金使用范围内支付现金或从银行提取现金。

（3）企业从银行提取现金时，应当注明具体用途，并由财会部门负责签字盖章后，交开户银行审核后方可支取。

（4）企业不得坐支现金。坐支现金：收到现金以后不往银行存，直接从收到的现金中开支。开户单位支付现金，可以从本单位库存现金限额中支付或者从开户银行提取，不得从本单位的现金收入中直接支付（即坐支）。同时，收支的现金必须入账。

例 2-4：在火凤凰公司不允许出纳直接将收到的货款支付给采购员进行原材料采购，应该将货款存入银行，从银行提取相应金额给采购员进行采购。

（5）不准用不符合财务规定的凭证顶替库存现金，即不得"白条抵库"；不准谎报用途套取现金；不准用银行账户代其他单位和个人存取现金；不准用单位收入的现金以个人名义存储，即不得"公款私存"；不准保留账外公款，即不得设置"小金库"；不得超限额留存资金。

库存现金限额：由其开户银行根据实际需要核定，一般为 3～5 天的零星开支需要量。边远地区和交通不便地区的企业，库存现金限额可以多于 5 天，但不能超过 15 天的日常零星开支量。企业必须严格按规定的限额控制现金结余量，超过限额的部分，必须及时送存银行，库存现金低于限额时，可以签发现金支票从银行提取现金，以补足限额。

白条抵库是财务用语，指的是以个人或单位名义开具的不符合财务制度和会计凭证手续的字条与单据，顶替库存现金或实物的行为。一般包括不遵守有关现金及物资管理制度要求，用白条或其他凭证，据以借出、挪用或暂付现金、原材料、商品、产品出库等。用白条抵库，会使实际库存现金减少，日常开支所需现金不足，还会使账面现金余额超过库存现金限额，难以进行财务管理。严重的，还容易产生挥霍浪费、挪用公款等问题。因此，用白条抵库是一种违反财经纪律的行为，应坚决杜绝。出纳员在处理相关业务时，应严禁将白条作为记账的依据。这种行为，如果规模较小，属于一般违法行为，如果情节严重，则属于犯罪行为。

三、现金收支的账务处理

企业的所有现金收付业务,首先都必须办理凭证手续,即取得或填制证明收付款的原始凭证并由主管会计人员或其指定人员审核后,方可据以填制现金收款凭证或现金付款凭证。对于不真实、不合法的原始凭证不予受理;对记载不明确、手续不完善的原始凭证应退回给经办人,要求其更正或补办手续。

出纳人员根据收款凭证和付款凭证办理现金的收付,并在凭证上加盖"现金收讫"或"现金付讫"戳记。出纳人员根据办完收付款手续的收付款凭证登记现金日记账,之后将现金的收付款凭证和所附的原始凭证交给会计人员进行分类汇总,据以登记总分类账及有关的明细账。为了避免重复记账,对于涉及现金和银行存款之间的收付业务,只编制一张付款凭证,比如,从银行提取现金的经济业务,只编制银行存款付款凭证,不编制现金收款凭证。将现金存入银行,只编制现金付款凭证,不编制银行存款收款凭证。

为了总括地反映和监督企业库存现金的收入、支出和结存情况,企业应设置"现金"科目,进行总分类核算。"现金"科目属于资产类科目,用于核算企业的库存现金,其借方登记企业库存现金的增加,贷方登记企业库存现金的减少,期末借方余额反映期末库存现金的余额。"现金"科目可以根据现金收付款凭证和银行存款、付款凭证直接登记。如果企业日常现金收支量较大,为了简化核算工作,可以根据实际情况,采用科目汇总表或汇总记账凭证的核算形式,根据科目汇总表或汇总收付款凭证定期或月终登记"现金"账户。

库存现金	资产类
期初现金余额 (1)收入现金金额(销售货物或提供劳务等)	(2)支出现金金额(如购买原材料,支付员工工资等)
期末余额:持有的库存资金	

如表 2-1 中"2-3"将不再使用的现金交回财务处 3 250 元(表格中其他凭证也都按此形式做会计分录)。

借:银行存款或备用金   3 250

    贷:现金   3 250

表 2 - 1　　　　　　　　　　火凤凰公司记账凭证举例

摘 要	总账科目	明细科目	借方金额	贷方金额
2-1 赵小丽报销业务招待费	现金			90
	管理费用		90	
2-2 购买叉车用柴油	现金			3 300
	原材料		3 300	
2-3 现金存银行	现金			3 250
	银行存款		3 250	
2-4 公司销售货物收入货款	现金		6 556	
	应收账款			6 556
2-5 食堂购买肉、鸡腿	现金			585
	管理费用		585	
2-6 韩江借入无缝管款	现金		3 688	
	短期借款			3 688
2-7 赵阳报销差旅费	现金			120
	管理费用		120	
2-8 赵军方收入货款	现金		5 922	
	应收账款			5 922
合 计				

主管：　　　　　　　复核：　　　　　　　制单：

四、现金清查

库存现金的清查包括出纳人员每日的清点核对和清查小组定期和不定期的清查。现金清查的目的是及时发现或防止现金收付差错以及贪污盗窃等行为，保护现金的安全。现金清查的方法是定期或不定期对库存现金进行实地盘点。

现金清查是为了确保现金的安全，企业除实行钱账分管制度外，出纳员还应在每日和每月终了时根据日记账的合计数，结出库存现金余额，并与库存现金实有数核对。必须做到账款相符。主管会计应随机抽查盘点出纳的库存现金，加强监督。

现金清查的主要方法是通过实地盘点库存现金的实存数，然后与现金日记账相核对，确定账存与实存是否相等。其步骤如下：

首先，在盘点前，出纳人员应先将现金收、付凭证全部登记入账，并结出余额。

其次，盘点前，出纳人员必须在场，现金由出纳人员经手盘点，清查人员从旁监督。盘点时，除查明账实是否相符外，还要查明有无违反现金管理规定，如有无以

"白条"抵冲现金，现金库存是否超过核定的限额，有无坐支现金等。

最后，盘点结束应根据盘点结果编制"库存现金点报告表"，并由检查人员和出纳人员签名盖章，作为重要的原始凭证。它具有"盘存单"和"实存账存对比表"的作用，如表2-2所示。

表2-2　　　　　　　　　　　　　　库存现金盘点报告

单位名称：　　　　　　　　　　　　　　　　　　　　　　　　　年　月　日

实存金额	账存金额	对比结果		备注
		现金溢余	现金短缺	

盘点人（签章）　　　　　　　　　　　　　　　　　　　出纳员（签章）

清查出现现金多余或短缺时，应及时报告领导，并做出账务处理。不准以长顶短，或任意冲减现金。在查明原因前记入"待处理财产损溢——待处理流动资产损溢"。查明原因后记入"其他应付款——应付现金溢余——×××"或"其他应收款——应收现金短缺款——×××"。×××为个人或单位。无法查明原因的损溢记入"管理费用——现金短缺"和"营业外收入——现金溢余"。

例2-5：月底结账发现现金短缺1 680元，经查是销售处一名临时工作人员现金销售了一个备件，现金尚未交回，而且该人处于失联状态无法找到，经领导批准该笔款项予以核销。

（1）发现现金短缺时：

借：其他应收款——应收现金短缺　　　　　　　1 680

　　贷：待处理财产损溢　　　　　　　　　　　1 680

（2）经领导批准核销，将该笔费用从（其他应收款——应收现金短缺）结转到管理费用：

借：管理费用——现金短缺　　　　　　　　　　1 680

　　贷：其他应收款——应收现金短缺　　　　　1 680

例2-6：后来又听到员工消息，被车撞伤手机丢失，表示伤好后交回所欠现金；数日后伤好回来交款。

（1）听到受伤消息后：

借：其他应收款——应收现金短缺款　　　　　　1 680

　　贷：管理费用——现金短缺　　　　　　　　1 680

（2）该员工回来交款：

借：销售收入——备件销售　　　　　　　　　　1 680

贷：其他应收款——应收现金短缺款　　　　　　　1 680

对现金短缺进行处理的一般原则：

（1）属于由责任人赔偿的部分，借记"其他应收款——应收现金短缺款（××个人）"或"现金"等科目；

（2）属于应由保险公司赔偿的部分，借记"其他应收款——应收保险赔款"科目，贷记"待处理财产损益——待处理流动资产损益"科目；

（3）属于无法查明的其他原因，根据管理权限，经批准后处理，借记"管理费用——现金短缺"科目，贷记"待处理财产损益——待处理流动资产损益"科目。

把现金清查的会计处理如表2-3所示。

表2-3　　　　　　　　　　　现金清查的会计处理

	长　款	短　款
未查明原因或未批复前	借：现金 贷：待处理财产损溢	借：待处理财产损溢 贷：现金
根据批复的处理意见	借：待处理财产损溢 贷：营业外收入 　　其他应付款	借：管理费用（正常短款） 　　其他应收款（责任人赔偿） 贷：待处理财产损溢

例2-7：火凤凰公司现金清查实际流程：填写库存现金盘点报告单，定期将账面余额与实际余额进行对比，上市公司要求频率高，一个月清查一次，大型国企每隔半年清查一次，小型私企的清查要求就不是很严格规范。

第三节　银行存款

一、银行存款定义

银行存款是指企业存放在银行的货币资金。按照国家现金管理和结算制度的规定，每个企业都要在银行开立账户，称为结算户存款，用来办理存款、取款和转账结算。

例2-8：火凤凰公司支付银行存款缴纳工伤保险8 250元。

借：管理费用——工伤保险　　　　　　　　8 250

贷：银行存款　　　　　　　　　　　　　　　　8 250

例2-9：用银行存款支付油款100 000元。

借：管理费用——交通费　　　　　　　　100 000

      贷：银行存款   100 000

例 2 - 10：借入李向飞款，存入银行 100 000 元。

    借：银行存款   100 000

       贷：短期借款   100 000

例 2 - 11：收恒运户名错误退回款 20 000 元。

    借：银行存款   20 000

       贷：应付账款   20 000

    根据国家有关规定，凡是独立核算的企业都必须在当地银行开设账户，企业在银行开设账户以后，除按核定的库存现金限额保留库存现金外，超过限额的部分必须存入银行；除在规定的范围内可以用现金直接支付的款项外，在经营过程中所发生的一切货币收支业务，都必须通过银行存款账户进行核算。正确开立和使用银行账户是做好资金结算工作的基础，企业只有在银行开立了存款账户，才能通过银行同其他单位进行结算，办理资金的收付。企业应按规定在银行开设和使用存款账户。

    银行存款账户分为基本存款账户、一般存款账户、临时存款账户和专用存款账户。基本存款账户是指企业办理日常转账结算和现金收付的账户。为了加强对基本存款账户的管理，企事业单位开立基本存款账户，要实行开户许可制度，必须凭中国人民银行当地分支机构核发的开户许可证办理，企事业单位不得为还贷、还债和套取现金而多头开立基本存款账户；不得出租、出借账户；不得违反规定在异地存款和贷款而开立账户。任何单位和个人不得将单位的资金以个人名义开立账户存储。一般存款账户是指企业在基本存款账户以外的银行借款转存，与基本存款账户的企业不在同一地点的附属非独立核算单位开立的账户，本账户可以办理转账结算和现金缴存，但不能提取现金。临时存款账户是指企业因临时生产经营活动的需要而开立的账户，本账户既可以办理转账结算，又可以根据现金管理规定存取现金，如企业异地产品展销、临时性采购资金等。专用存款账户是指企业因特定用途需要所开立的账户。企业只能在一家银行的几个分支机构开立一般存款账户。企业的银行存款账户只能用来办理本单位的生产经营业务活动的结算，不得出租和出借账户，如基本建设项目专项资金、农副产品资金等，企事业单位的销售货款不得转入专用存款账户。

    例如，火凤凰公司根据实际情况，四种银行存款账户都会根据实际情况开立，公司都会设立基本存款账户和一般存款账户，其他两种根据实际开立使用。一般存款账户是企业向银行的贷款，临时存款账户是企业为在外地采购原材料方便付款所设，专用存款账户是公司为修建办公大楼等基建工程所设立的专用基金账户。

二、银行存款收支的核算

    为了总括地反映企业银行存款的收支、结存情况，企业应设置"银行存款"科目，该科目属于资产类科目，其借方登记银行存款的增加数，贷方登记银行存款的减少数，期末借方余额表示企业银行存款的结余数额。企业在银行的其他存款，如外埠存款、银行本票存款、银行汇票存款等，在"其他货币资金"科目核算，不通过本科目核算。

银行存款	资产类
期初银行存款余额	
（1）收入银行存款金额（销售货物或提供劳务等）	（2）支出银行存款金额（如购买原材料、支付员工工资等）
期末余额：企业账户上的银行存款	

为了及时、详细地反映各种银行存款的收入、支出和结存情况，应按照存款的开户行和种类分别设置"银行存款日记账"，进行银行存款的序时核算。每日终了应结出银行存款的结存数，与银行存款日记账核对；月份终了，银行存款日记账的余额必须与银行存款总分类账的余额互相核对，做到账账相符。银行存款日记账应定期与银行开出的银行存款对账单互相核对。

企业银行存款收付存日常管理的主要环节：根据经济业务的不同，选择适当的结算方式；填制相应票据，办理有关结算手续；审核每份银行存款收、付凭证，并据此登记"银行存款日记账"，做到日清月结；出纳员定期将"银行存款日记账"与"银行对账单"核对。

企业将款项存入银行或收到银行存款时，应根据银行存款收款凭证及有关单据，借记"银行存款"科目，贷记有关科目；企业支出银行存款时，根据银行存款付款凭证及有关单据，借记有关科目，贷记"银行存款"科目。具体举例如表2-4所示。

表2-4　　　　　　　　　　火凤凰公司记账凭证举例

摘　要	总账科目	明细科目	借方金额	贷方金额
2-9 借入赵军方款	银行存款		120 000	
	短期借款			120 000
2-10 付宁夏宝丰油款	银行存款			100 000
	应付账款		100 000	
2-11 缴纳工伤保险	银行存款			8 250
	应付职工薪酬		8 250	
2-12 支付转款手续费	银行存款			10

摘 要	总账科目	明细科目	借方金额	贷方金额
		财务费用	10	
2-13 现金存银行		银行存款	4 968	
		现金		4 968
2-14 付鞍山新泰科压力变送器款		银行存款		33 930
		固定资产	29 000	
		增值税进项税	4 930	
2-15 预付电费		银行存款		300 000
		长期待摊费用	300 000	
合 计				

主管： 　　　　复核： 　　　　制单：

三、银行存款清查

银行存款核对：银行存款日记账余额与银行对账单余额是否相等，不相等的原因如下。

计算错误：是企业或银行对银行存款结存额的计算发生运算错误；

记账错漏：是指企业或银行对存款的收入、支出的错记或漏记；

未达账项：是指银行和企业对同一笔款项收付业务，因记账时间不同，而发生的一方已经入账，另一方尚未入账的款项。

银行存款清查的目的：防止记账差错、避免存款被挪用，掌握存款实有数。银行存款清查的方法：定期将企业"银行存款日记账"与"银行对账单"进行逐笔核对，找出银行、企业双方不一致的账项即未达账项。所谓的未达账项就是在企业与银行之间，结算凭证在传递时间上有先有后，造成一方已登记入账，而另一方尚未登记入账的款项。未达账项有以下四种：

企业已登记增加，银行由于未收到结算凭证尚未登记；

企业已登记减少，银行由于未收到结算凭证尚未登记；

银行已登记增加，企业由于未收到结算凭证尚未登记；

银行已登记减少，企业由于未收到结算凭证尚未登记。

银行存款清查结果的处理：企业银行存款日记账与银行对账单余额如果不符，应查明原因。如果是记账错漏造成的，应进行错账更正；如果是未达账项造成的，应编制"银行存款余额调节表"调节。如表2-5所示。

表 2-5

银行存款余额调节

2015 年 5 月 31 日

银行存款日记账余额		银行对账单余额	
加：银行已记收而企业未记的款项		加：企业已记收而银行未记的款项	
减：银行已记付而企业未记的款项		减：企业已记付而银行未记的款项	
调节后的余额		调节后的余额	

例 2-12： 火凤凰公司银行存款清查实际流程：去开户行打流水账和对账单，将对账单和银行存款日记账上的余额进行对账，如果相等就好，不相等填制银行存款余额调节表。上市公司要求频率高，一个月清查一次，大型国企每隔半年清查一次，小型私企的清查要求就不太严格了。

第四节　其他货币资金

一、定　义

其他货币资金是指企业除现金和银行存款以外的其他各种货币资金，即存放地点和用途均与现金和银行存款不同的货币资金。包括外埠存款、银行汇票存款、银行本票存款、信用卡存款、信用证保证金存款和存出投资款等。

二、分　类

(1) 外埠存款是企业到外地进行临时零星采购时，汇往采购地银行开立采购专户款项；

(2) 银行汇票存款是企业为取得银行汇票按照规定存入银行的款项；

(3) 银行本票存款是企业为取得银行本票按照规定存入银行的款项；

(4) 信用卡存款是企业为取得信用卡按照规定存入银行的款项；

(5) 信用证保证金存款是企业存入银行作为信用证保证金专户的款项；

(6) 存出投资款是指企业已经存入证券公司但尚未进行投资的货币资金。

例 2-13： 火凤凰公司都涉及银行汇票、银行本票和银行承兑汇票等，但现在很少用，银行贷款利率很低，会选取更加划算的方式。

三、账户核算

设账：其他货币资金——外埠存款、其他货币资金——银行汇票、其他货币资金——银行本票、其他货币资金——信用证、其他货币资金——信用卡、其他货币资金——存出投资款等。

其他货币资金	资产类
(1) 其他货币资金增加金额	(1) 其他货币资金减少金额
余额：持有的其他货币资金	

明细：本账户可按银行汇票或本票、信用证的收款单位、外埠存款的开户银行，分别按"外埠存款""银行汇票""银行本票""信用证保证金""信用卡""存出投资款"等进行明细核算。

(一) 外埠存款

外埠存款指企业到外地进行临时或零星采购时，汇往采购地银行开立采购专户的款项。企业汇出款项时，须填写汇款委托书；汇入银行对于汇入的采购款项，按汇款单位开设采购专户。采购专户存款只付不收，款项付完后结束账户。

例 2-14： 火凤凰公司到上海进行临时采购时，为了采购付款方便，汇往上海当地中国银行开立采购专户，已经开户地银行批准。

企业委托当地开户银行汇款给采购地开立专户时，存入 150 000 元。

借：其他货币资金——外埠存款　　　　　150 000

　　贷：银行存款　　　　　　　　　　　　　　150 000

收到采购员交来的购货发票，购货金额为 100 000 元，支付的增值税款 17 000 元。

借：物资采购　　　　　　　　　　　　　100 000

　　应交税金——应交增值税（进项税额）　17 000

　　贷：其他货币资金——外埠存款　　　　　117 000

采购员完成了采购任务，将多余的外埠存款 33 000 元转回当地中国银行时，企业应根据银行的收账通知。转销"其他资币资金——外埠存款"科目。

借：银行存款　　　　　　　　　　　　　33 000

　　贷：其他货币资金——外埠存款　　　　　33 000

(二) 银行汇票存款

例 2-15： 企业为取得银行汇票，按照规定存入银行的款项 50 000 元。企业向银行提交"银行汇票委托书"并将款项交存银行，取得银行汇票时，应当根据银行盖章的委托书存根联进行账务处理。

借：其他货币资金——银行汇票存款　　　50 000

　　贷：银行存款　　　　　　　　　　　　　50 000

企业使用银行汇票后，应根据发票账单及开户行转来的银行汇票第四联等凭证进行账务处理。

借：物资采购   40 000
    应交税费——应交增值税（进项税额）   6 800
    贷：其他货币资金——银行汇票存款   46 800

银行汇票使用完毕，应转销

借：银行存款   3 200
    贷：其他货币资金——银行汇票存款   3 200

如银行汇票因超出付款期限或其他原因未曾使用而退回，则企业收款时：

借：银行存款   50 000
    贷：其他货币资金——银行汇票存款   50 000

（三）银行本票存款

例 2-16： 企业为取得银行本票按规定存入银行的款项。企业向银行提交"银行本票申请书"将交款项交存银行，取得银行本票时，应当根据银行盖章退回的申请书存根联进行账务处理。

借：其他货币资金——银行本票存款   50 000
    贷：银行存款   50 000

企业使用银行本票后，应根据发票账单等有关凭证进行账务处理。

借：物资采购   40 000
    应交税费——应交增值税（进项税额）   6 800
    贷：其他货币资金——银行本票存款   46 800

如企业因本票超过付款期等原因未曾使用而要求银行退款时，应根据银行收回本票时盖章退回的一联进账单编制会计分录。

借：银行存款   50 000
    贷：其他货币资金——银行本票存款   50 000

（四）信用证存款

信用证存款是指采用信用证结算方式的企业为开具信用证而存入银行信用证保证金专户的款项。

例 2-17： 企业向银行申请开出信用证，用于支付境外供货单位的购货款项。根据开户银行盖章退回的"信用证委托书"回单编制会计分录。

借：其他货币资金——信用证存款   5 000
    贷：银行存款   5 000

企业在收到境外供货单位信用证结算凭证及所附发票账单，并经核对无误后进行账务处理。

借：物资采购   4 000

  应交税费——应交增值税（进项税额）   680

  贷：其他货币资金——信用证存款   4 680

企业收到未用完的信用证存款余额时：

借：银行存款   320

  贷：其他货币资金——信用证存款   320

（五）信用卡存款

企业为取得信用卡而存入银行信用卡专户的款项，即为信用卡存款。

例 2-18：企业申领信用卡，按规定填制申请表，并按银行要求交存备用金。银行开立信用卡存款账户，发给信用卡。企业根据银行盖章退回的交存备用金的进账单，编制分录：

借：其他货币资金——信用卡存款

  贷：银行存款

企业在收到开户银行转来的信用卡存款的付款凭证及所附发票账单，经核对无误后，应进行账务处理。

借：管理费用（相关费用科目）

  贷：其他货币资金——信用卡存款

四、业务查账

（一）其他货币资金业务错弊的一般查证方法

（1）查阅各种存款日记账，查证各种专户存款开立是否必要。如外埠存款是否因临时、零星采购物资所需而开立，信用证存款是否确实因在开展进出口贸易业务中采用国际结算方式所需而开立。

（2）要求企业提供各种书面文件，查证开立各种专户存款是否经过适当的审批手续，其数额是否合理。

（3）从日记账记录中抽出数笔业务查证其原始凭证和记账凭证，查证各存款户支用款项是否合理，即是否按原定的用途使用；是否遵守银行的结算制度；采购业务完成之后是否及时办理结算手续；有无非法转移资金的现象。

（4）对于在途货币资金，应根据汇出单位的汇款通知书，查证在途货币资金的形成是否真实；在货币向资金发生后是否及时入账；收到在途货币资金后是否及时注销；对于长期挂账不注销或一直未收到款项的应查明原因。

（二）外埠存款的查账技巧

（1）查账人员应运用详查法，审查以外埠存款购进的全部商品、材料和其他物品，看其有无超出采购存款的佣金。

（2）再审查"其他货币资金——"外埠存款"明细账余额，查明其有无长期挂账现象，若"其他货币资金——外埠存款"占用时间长，应进一步分析查证其有无挪用资金或者不及时办理结算的问题。

（三）银行汇票存款的查账技巧

（1）审查银行汇票申请书，查明被查单位与收款单位有无业务往来。

（2）审查购销合同规定的结算方式是否为采用银行汇票结算。

（3）在分析使用汇票结算合理性的基础上，审查"其他货币资金——银行汇票存款"明细账，审查其是否及时办理结算，有无长期挂账而挪用汇票存款或侵占行为。

（4）核对银行存款和银行对账单，审查其款项是否与银行对账单一致，如果不一致，应分析是否为未达账项，否则，应查明是否收到无效或过期汇票。

（四）银行本票存款的查账技巧

与银行汇票存款的查证基本相同。

货币资金内部控制——安泰公司案例

安泰是一家专门从事服装进出口贸易的公司，该公司的业务只有一部分通过现金方式结算，绝大部分采取的是赊销方式。

公司老板李森对有关内部控制的运作不甚了解。罗非是公司的财务主管，在公司工作多年，也是公司的会计兼出纳员，负责有关现金收付和账务处理的一切事宜。罗非每天将现金存入银行，列示所有支票和货币清单，同时还编制每日现金汇总表，列示收到的账款金额，应收账款账户的折扣和贷记应收账款的金额，另外会计人员利用此表冲销应收账款，罗非也编制银行存款余额调节表。除了外部审计人员外，没有人审查现金或银行对账单。公司老板认为，罗非值得长期信赖，其勤奋努力的工作就是最好的"控制"。罗非还有两名助手，负责登记银行存款日记账及签发支票并帮助编制会计报表。

安泰公司每月的损益表上，都有着数量可观的利润，但是最近应收账款的数额居高不下，账户里的现金却逐渐减少。发展到最后，甚至要靠银行贷款解决燃眉之急。直到有一天，有职员在匿名信中揭发罗非近来生活奢华，购买高档别墅和轿车，其消费与其收入存在明显差异，又缺乏合理的解释，有侵吞公司财产重大嫌疑。

这时老板李森隐隐地有一种不祥的预感，通过调查了解，兢兢业业的罗非的真面目暴露了。

起初，罗非收到的顾客的现金及支票，只有很少一部分存入了安泰公司在银行开设的账户，却被存入罗非私人专户。罗非将这笔钱存放一段时间，赚取利息，然后再转入公司账户。由于公司一直无人察觉，后来老板将现金收付及往来账务处理皆由罗非一人经手，大大提供了方便。罗非用不着小心翼翼，而是，将安泰公司收到的现金直接存入自己开设的账户。

同时，罗非在负责客户付款时，批准的现金折扣明明是5％的折扣，却在安泰公司的记录中故意增加3％，即公司登记的给予的折扣虚计为8％，这样，按照正确的信用条件的付款，而可以因为额外的3％折扣而少计款项给安泰公司。

罗非为掩人耳目，搞得公司的交易变得非常复杂，捏造了许多的销售业务。先是公司账面有大量的利润。对于现金销售业务多数计入应收账款，这样就可以私吞现金收入。

罗非在公司做了手脚，不得不在办公时间密切追踪应该得到折扣的那些客户的付款情况。因为如果发生休假或交接情况的话，就会被继任者发现"蛛丝马迹"，"努力工作"的罗非时刻与客户保持着热线联系，连客户也由衷地赞叹罗非的尽职忠诚。

在此期间，罗非在自己的公司账户保存了平均160 000元的余额，总共70 000元利息，而这利息本来应由安泰公司获取。通过批准多记录现金折扣，罗非从100万元的销售收入获得3％，窃取总金额达180 000元。在安泰本应获得160万元的税前收益（大约占销售收入的9％）罗非贪污了其中的约12.5％。

杰克公司货币资金内部控制案例

杰克公司的前身是一家国有企业，始建于1978年。1998年转制为杰克公司，经过数十年的发展积累了相当丰富的工艺技术和一定的管理经验，有许多公司管理制度。公司经过多年的不间断改造、完善，提高了产品的生产能力和产品市场竞争能力，并引进了先进的生产设备。公司具有较强的新产品开发能力，主要生产五大系列28个品种120多种规格的低压和高压、低速和高速、异步和同步电动机。公司具有完整的质量保证体系，2002年通过ISO 9000系列质量管理体系认证。公司年创产值2 800万元，实现利润360万元。企业现有员工600多人，30％以上具有初、中级技术资格，配备管理人员118人，专职检验人员86人，建立了技术含量较高的员工队伍。随着公司的发展壮大，在经营过程中出现了一些问题，已经影响到公司的发展。

该公司出纳员李敏，给人印象兢兢业业、勤勤恳恳、待人热情、工作中积极肯干，不论分内分外的事，她都主动去做，受到领导的器重、同事的信任。而事实上，李敏在其工作的一年半期间，先后利用22张现金支票编造各种理由提取现金98.96万元，均未记入现金日记账，构成贪污罪。

其具体手段如下：

①隐匿3笔结汇收入和7笔会计开好的收汇转账单（记账联），共计10笔销售收入98.96万元，将其提现的金额与其隐匿的收入相抵，使32笔收支业务均未在银行存款日记账和银行余额调节表中反映；

②由于公司财务印鉴和行政印鉴合并，统一由行政人员保管，李敏利用行政人员疏于监督开具现金支票；

③伪造银行对账单，将提现的整数金额改成带尾数的金额，并将提现的银行代码"11"改成托收的代码"88"。杰克公司在清理逾期未收汇时曾经发现有3笔结汇收入未在银行日记账和余额调节表中反映，但当时由于人手较少未能对此进行专项清查。

李敏之所以能在一年半的时间内作案22次，贪污巨款98.96万元，主要原因在于公司缺乏一套相互牵制的、有效的约束机制和监督机制，从而使李敏截留收入贪污得心应手，猖狂作案。

本章涉及的 T 型账户汇总如下（期末再汇总成会计报表）：

库存现金				银行存款	
6 556	90			3 250	100 000
3 688	3 300			120 000	8 250
5 922	3 250			4 968	10
	585				33 930
	4 968				300 000
	120				
合计　3 853	合计			合计	合计　313 972

管理费用				应收账款	
90					6 556
585					5 922
120					
合计　795	合计			合计	合计　12 478

短期借款		
		120
		120 000
合计	合计	120 120

原材料		
3 300		
合计 3 300	合计	

应付账款	
	100 000
合计	合计 100 000

应付职工薪酬	
	8 250
合计	合计 8 250

财务费用	
10	
合计 10	合计

固定资产	
29 000	
合计 29 000	合计

增值税	
4 930	
合计 4 930	合计

长期待摊费用	
300 000	
合计 300 000	合计

 本章任务

1. 查阅《企业内部会计控制规范——货币资金》，总结其主要内容。

2. 查阅《现金管理暂行条例》，归纳条例中对单位、组织现金业务的主要规定。

3. 查阅《人民币结算账户管理办法》，按该办法规定，企业可以开设几种账户，怎样开设基本存款账户和一般存款账户？使用账户应遵循哪些规定？

4. 练习现金及备用金的核算。

火凤凰公司发生以下现金收付的会计业务：

（1）3月1日，签发现金支票一张，从银行提取3 000元现金备用。

（2）3月6日，本单位职工李宵因公出差预借差旅费1 800元，财务部门支付现金。

（3）3月16日，李宵因出差报销费用1 850元，50元由财务处付给现金。

（4）3月25日，支付管理部门房屋租金850元。

（5）某企业的生产车间领用备用金额500元，技术科领用金额800元。

（6）生产车间增加备用金金额400元，开现金支票补足。

（7）生产车间报销办公费60元。

（8）张某借现金500元买办公用品，实际用480元。

（9）技术科报销资料费410元。

（10）减少技术科备用金额100元。

根据以上经济业务编制会计分录。

5. 练习现金清查的核算。

火凤凰公司清查现金的会计业务：

（1）3月30日，在现金清查过程中，发现长款180元，其原因待查。

（2）3月30日，以上长款，经领导批准，转作营业外收入。

（3）3月30日，在现金清查中，发现短款50元，无法查明具体原因。

（4）3月31日，经核查，以上短款由出纳人员责任造成，应由其赔偿。

（5）3月31日，出纳人员赔付现金50元。

根据以上经济业务编制会计分录。

6. 练习银行存款收付业务的核算。

火凤凰公司发生以下银行存款收付会计业务：

（1）3月2日，销售产品，取得销售收入18 000元，增值税3 060元，共计21 060元，收到支票存入银行。

（2）3月3日，接到开户银行的收款通知，收回赊销产品的账款30 000元，已转入银行。

（3）3月15日，收到预收销货款59 000元，存入银行。

（4）购进材料。料款20 000元，支付增值税进项税额3 400元，共计23 400元，以银行存款支付。

（5）3月21日，以银行存款支付产品的广告费2 500元。

（6）3月28日，以银行提取现金120 000元备发工资。

根据以上经济业务编制会计分录。

7. 火凤凰公司2015年3月发生下列有关货币资金收付业务的经济业务：

（1）1日，开出现金支票一张，从银行提取现金 20 000 元。

（2）4日，收到东方公司的银行汇票一张，金额 100 000 元，用以支付上月货款。

（3）5日，行政科张科出差，借支差旅费 3 000 元，以现金支付。

（4）8日，将多余库存现金 15 000 元送存银行。

（5）10日，职工张科出差回来报销差旅费 2 800 元，余款退回。

（6）15日，开出转账支票一张，用以偿还所欠正天公司的货款 300 000 元。

（7）18日，收到银行付款通知，支付到期的商业承兑汇票 10 000 元。

（8）20日，签发转账支票一张，支付购买的钢材款 25 000 元。

（9）30日，在现金清查中，发现现金溢余 500 元，原因待查。

（10）31日，经调查发现上述溢余现金中有 300 元属于应付职工刘明的，其余 200 元无法查明原因，经批准转作营业外收入。

要求：根据以上经济业务，作出有关货币资金收付的会计处理。

8. 银行存款余额调节表的编制。

火凤凰公司 2015 年 4 月 30 日"银行存款日记账"账面余额为 765 000 元，"银行对账单"余额为 820 000 元。经核对，存在未达账项如下：

（1）4 月 29 日，公司开出转账支票一张，用以支付购买材料 50 000 元。持票单位尚未向银行办理手续。

（2）4 月 29 日，公司收到转账支票一张，金额 30 000 元，银行尚未入账。

（3）4 月 30 日，银行代公司收到工程结算款 40 000 元，银行已经收到入账，但公司尚未收到收到通知，因而公司尚未入账。

（4）银行代公司支付水电费 5 000 元，但公司尚未收到收款通知，因而公司尚未入账。

要求：根据以上资料编制银行存款余额调节表。

第三章　应收及预付账款

应收及预付款项包括应收票据、应收账款、其他应收款、预付账款。

第一节　应收票据

一、票据的定义

票据是指出票人依法签发的由自己或指示他人无条件支付一定金额给收款人或持票人的有价证券，即可以代替现金流通的有价证券。在我国，票据是汇票（银行汇票和商业汇票）、支票及本票（银行本票）的统称。

二、票据的功能

（1）支付功能。

例 3 - 1：火凤凰公司以电子承兑支付邯郸黑猫公司的货款 585 000 元。

借：原材料 　　　　　　　　　　　　　500 000

　　应交增值税（进项税）　　　　　　　85 000

　　贷：应付票据　　　　　　　　　　　585 000

（2）汇兑功能。指一国货币所具有的购买外国货币的能力。

（3）信用功能。即票据当事人可以凭借自己的信誉，将未来才能获得的金钱作为现在的金钱来使用。

（4）结算功能。即债务抵销功能。

例 3 - 2：火凤凰公司以电子承兑还所欠赵俊芳借款 50 000 元。

借：短期借款 　　　　　　　　　　　　50 000

　　贷：应收票据　　　　　　　　　　　50 000

（5）融资功能。即融通资金或调度资金。票据的融资功能是通过票据的贴现、转贴现和再贴现实现的。

例 3 - 3：火凤凰公司将电子承兑贴现入银行 4 000 000 元，按 1：7。

借：银行存款 　　　　　　　　　　　　3 500 000

财务费用	500 000
贷：应收票据	4 000 000

（6）流通作用。指票据的转让无须通知其债务人，只要票据要式具备就可交付或背书转让票据权利。

例 3-4： 火凤凰公司将已得的电子承兑转让给邯郸黑猫公司 5 000 000 元。

借：应付账款	5 000 000
贷：应收票据	5 000 000

三、票据的种类

1. 按承兑人的不同分为商业承兑汇票和银行承兑汇票

本票是一项书面的无条件的支付承诺，由一个人作成，并交给另一人，经制票人签名承诺，即期或定期或在可以确定的将来时间，支付一定数目的金钱给一个特定的人或其指定人。我国《票据法》对本票的定义，指的是银行本票，指出票人签发的，承诺自己在见票时无条件支付确定金额给收款人或者持票人的票据。

（1）本票是票据的一种，具有一切票据所共有的性质，是无因证券、设权证券、文义证券、要式证券、金钱债权证券、流通证券等。

（2）本票是自付证券，它是由出票人自己对收款人支付并承担绝对付款责任的票据。这是本票和汇票、支票最重要的区别。在本票的法律关系中，基本当事人只有出票人和收款人，债权债务关系相对简单。

（3）无须承兑。本票在很多方面可以适用汇票法律制度。但是由于本票是由出票人本人承担付款责任，无须委托他人付款，所以，本票无须承兑就能保证付款。

汇票是由出票人签发的，要求付款人在见票时或在一定期限内，向收款人或持票人无条件支付一定款项的票据。它是一种委付证券，基本的法律关系最少有三个人物：①发票人，签发汇票；②执票人，并委托；③付款人，向执票人付款。

按付款人的不同可分为银行汇票、商业汇票。银行汇票是付款人为银行的汇票。商业汇票是付款人为其他商号或者个人的汇票。

注：汇票有多种，就银行汇票而言常见的有两种，一般企业间用的较多的是银行汇票和银行承兑汇票，前者是要企业在银行有全款才能申请开出相应金额的汇票（即如果你要在开户行开 100 万元的银行汇票，你在该行账户上必须要有 100 万元以上的存款才行），后者要看银行给企业的授信额度，一般情况是企业向银行交一部分保证金，余额可以使用抵押等手段（如开 100 万元银行承兑汇票，企业向银行交 30 万元保证金，其他 70 万元企业可以用土地、厂房、货物仓单等抵押，企业信誉好的话，也可能只要交部分保证金就可以开出全额）。你是收款人的话，收到别人给你的银行汇票时，可以立即向银行提示付款，银行即把相应的款转入你的账户。如果你收到的是银

行承兑汇票，可以在汇票上面的指定期限向银行提示付款，也可以在期限之前向银行申请贴现（银行会扣除相应的利息），还可以把票背书给下家。

2. 按是否带息分为不带息票据和带息票据。

（1）不带息票据：按照票据的面值确认。即企业在收到应收票据时一般按应收票据的面值确认入账。

（2）带息票据：收到票据时，按照票据的面值确认。在持有票据的会计期末（主要是指中期期末和年度终了）按应收票据的面值和规定的利率计算应收利息，相应地增加应收票据的账面余额。

按年计算：以票据到期年度与出票日期同月同日为到期日。

按月计算：以票据到期月份与出票日期同一日为到期日。

按日计算：以票据出票之日起的实际天数计算。习惯上算尾不算头。

四、票据术语

承兑指付款人在持票人向其出示远期汇票时，在汇票上签名，承诺于汇票到期时付款的行为。具体做法是付款人在汇票正面写明"承兑（Accepted）"字样，注明承兑日期，于签章后交还持票人。付款人一旦对汇票作承兑，即成为承兑人，须以主债务人的地位承担汇票到期时付款的法律责任。

付款指付款人在汇票到期日，向出示汇票的合法持票人足额付款。持票人将汇票注销后交给付款人作为收款证明。汇票所代表的债务债权关系即告终止。

背书指根据我国《票据法》规定，除非出票人在汇票上记载"不得转让"外，汇票的收款人可以以记名背书的方式转让汇票权利。即在汇票背面签上自己的名字，并记载被背书人的名称，然后把汇票交给被背书人即受让人，受让人成为持票人，是票据的债权人。受让人有以背书方式再行转让汇票的权利。在汇票经过不止一次转让时，背书必须连续，即被背书人和背书人名字前后一致。对受让人来说，所有以前的背书人和出票人都是他的前手，对背书人来说，所有他转让以后的受让人都是他的"后手"，前手对后手承担汇票得到承兑和付款的责任。

贴现指银行承兑汇票的持票人在汇票到期日前，为了取得资金，贴付一定利息将票据权利转让给银行的票据行为，是持票人向银行融通资金的一种方式。

五、应收票据的核算

（一）应收票据的入账价值

应收票据入账价值的确定，目前存在两种方法，一种是按其票面价值入账，另一种是按票面价值的现值入账。如果考虑到货币的时间价值等因素对票据面值的影响，应收票据按其票面现值入账是比较合理和科学的。但是，由于商业汇票的期限较短，利息金额相对来说不大，用现值记账计算烦琐，为了简化核算，《企业会计制度》规定，应收票据一律按照面值入账。

（二）应收票据的核算企业会计制度规定

应收票据的账务处理如下：第一，收到应收票据的会计处理，借记"应收票据"科目，贷记"主营业务收入"和"应交税金—应交增值税—销项税额"科目，若收到的为带息票据，可在月末或季末计提利息，计提的利息增加应收票据的账面价值，借记"应收票据"科目，贷记"财务费用"科目。此外，还用应收票据进行欠款的抵偿。

例 3 - 5： 火凤凰公司销售产品 5 000 元，收到对方腾达公司开出的商业汇票。

借：应收票据   5 850

    贷：主营业务收入   5 000

            应交税费——应交增值税（销项税）   850

例 3 - 6： 火凤凰公司收到腾阳公司开出的商业汇票 30 000 元，抵偿之前所欠货款。

借：应收票据   30 000

    贷：应收账款   30 000

（三）应收票据的贴现

企业收到商业汇票，如在票据未到期前需要提前取得资金，可以持未到期的商业汇票向银行申请贴现。贴现是指企业将未到期的商业汇票经过背书，交给银行，银行受理后，从票面金额中扣除按银行的贴现率计算确定的贴现息后，将余额付给贴现企业。票据贴现实质上是一种融通资金的行为。在贴现中，企业给银行的利息称为贴现息，所用的利率称为贴现率，票据到期值与贴现息之差称为贴现所得。用应收票据向银行申请贴现时，《企业会计制度》规定，如果是带息票据，由于受票面载明的利率与银行贴现率的差异和贴现期的影响，其贴现所得与票面金额会产生差异，在会计上作为利息收/支处理；如果是不带息票据，其贴现所得与票面金额产生的差异，在会计上作为利息支出处理。企业以应收票据向银行贴现的贴息及贴现所得计算公式如下：

$$贴息 = 票据到期值 \times 贴现率 \times 贴现期$$

$$贴现所得 = 票据到期值 - 贴息$$

不带息票据的贴现，企业应按实际收到的金额，借记"银行存款"科目，按贴现息部分，借记"财务费用"科目，按应收票据的票面价值，贷记"应收票据"科目；如为带息应收票据，按实际收到的金额，借记"银行存款"科目，按应收票据的账面价值，贷记"应收票据"科目，按其差额，借记或贷记"财务费用"科目。

例 3 - 7： 火凤凰公司于 4 月 1 日将 2 月 1 日开出并承兑的面值为 100 000 元、年利率 8%、5 月 1 日到期的商业承兑汇票向银行贴现，贴现率为 10%，则贴现息和贴现所得计算如下：

带息票据到期值＝100 000×（1＋8％×90/360）＝102 000（元）

贴现息＝102 000×10％×30/360＝850（元）

贴现所得＝102 000－850＝101 150（元）

借：银行存款　　　　　　　　　　　　　　　　101 105

　　贷：应收票据　　　　　　　　　　　　　100 000

　　　　财务费用　　　　　　　　　　　　　　1 105

例3-8：沿用上例，假定该票据为不带息票据，则贴现息和贴现所得计算如下：

票据到期值＝100 000（元）

贴现息＝100 000×10％×30/360＝833（元）

贴现所得＝100 000－833＝99 167（元）

借：银行存款　　　　　　　　　　　　　　　　99 167

　　财务费用　　　　　　　　　　　　　　　　　833

　　贷：应收票据　　　　　　　　　　　　　100 000

应收票据	资产类
（1）收到开出、承兑的商业汇票的票面金额	（1）到期收回商业汇票的票面金额 （2）到期承兑人拒付商业汇票的票面金额 （3）背书转让商业汇票的票面金额 （4）不带追索权的出售商业汇票的票面金额 （5）不带追索权的贴现商业汇票的票面金额
余额：企业持有的商业汇票的票面价值	

火凤凰公司记账凭证举例如表3-1所示。

表3-1　　　　　　　　　　火凤凰公司记账凭证举例

摘　要	总账科目	明细科目	借方金额	贷方金额
3-1电子承兑背书转让——邯郸黑猫炭黑有限责任公司	应付账款		500 000	
	应收票据			500 000
3-2收邯郸黑猫炭黑有限责任公司货款	应收票据		585 000	
	主营业务收入			500 000

摘 要	总账科目	明细科目	借方金额	贷方金额
	应交增值税（销项税）			85 000
3-3 以电子承兑付所欠的新密市华冠耐火材料公司耐火砖款	应收票据			30 000
	应付账款		30 000	
3-4 银行电子承兑贴现——邯郸黑猫炭黑有限责任公司	应收票据			600 000
	银行存款		600 000	
3-5 借入赵军方承兑	应收票据		100 000	
	短期借款			100 000
3-6 销售水暖给梅桂公司	应收票据		52 650	
	其他业务收入			45 000
	增值税（销项税）			7 650
合计				

主管： 复核： 制单：

第二节 应收账款

一、应收账款定义

应收账款的定义：企业在正常的经营过程中因销售商品、产品、提供劳务等业务，应向购买单位收取的款项而没有立即收取，包括应由购买单位或接受劳务单位负担的税金、代购买方垫付的各种运杂费等。

应收账款是伴随企业的销售行为发生而形成的一项债权。因此，应收账款的确认与收入的确认密切相关。通常在确认收入的同时，确认应收账款。该账户按不同的购货或接受劳务的单位设置明细账户进行明细核算。应收账款表示企业在销售过程中被购买单位所占用的资金。企业应及时收回应收账款以弥补企业在生产经营过程中的各种耗费，保证企业持续经营；对于被拖欠的应收账款应采取措施，组织催收；对于确实无法收回的应收账款，凡符合坏账条件的，应在取得有关证明并按规定程序报批后，作坏账损失处理。

二、会计科目及会计处理

应收账款是指企业因销售商品、提供劳务等经营活动，应向购货单位或接受劳务单位收取的款项，主要包括企业销售商品或提供劳务等应向有关债务人收取的价款及代购货单位垫付的包装费、运杂费等。本科目核算企业因销售商品、提供劳务等经营活动应收取的款项。为了反映应收账款的增减变动及其结存情况，企业应设置"应收账款"科目，不单独设置"预收账款"科目的企业，预收的账款也在"应收账款"科目核算。企业因销售商品、提供劳务等，合同或协议价款的收取采用递延方式，实质上具有融资性质的，在"长期应收款"科目核算，不在本科目核算，如融资租赁。本科目按不同的购货或接受劳务的单位设置明细账户进行明细核算。

本科目的主要账务处理。本科目发生应收账款时，按应收金额，借记本科目，按照实现的营业收入，贷记"主营业务收入"等，按专用发票上注明的增值税，贷记"应交税费——应交增值税（销项税额）"科目；收回应收账款时，借记"银行存款"等科目，贷记本科目。

企业代购货单位垫付的包装费、运杂费，借记本科目，贷记"银行存款"等科目；收回代垫运费时，借记"银行存款"，贷记本科目。

应收账款	资产类
（1）企业发生的应收账款 （2）转入的未能按期收回的商业承兑汇票结算款 （3）收回的已注销坏账	（1）已收回的款项 （2）改用商业汇票结算的应收账款 （3）已转为坏账损失的应收账款 （4）以债务重组方式收回的应收账款
余额：企业尚未收回的应收账款	余额：企业预收的款项

明细：按照债务人进行明细核算。

火凤凰公司记账凭证举例如表 3-2 所示。

表 3-2　　　　　　　　　　火凤凰公司记账凭证举例

摘　　要	总账科目	明细科目	借方金额	贷方金额
3-7销售邯郸黑猫炭黑有限责任公司蒽油853 吨	应收账款		33 930	
	主营业务收入			29 000

续 表

摘 要	总账科目	明细科目	借方金额	贷方金额
	应交增值税（销项税）			4 930
3-8 收邯郸黑猫炭黑有限责任公司货款	应收账款			50 000
	银行存款		50 000	
3-9 退邯郸黑猫炭黑有限责任公司货款	应收账款		25 000	
	银行存款			25 000
3-10 付盐城汇佰实业有限公司退蒽油货款	应收账款		2 080	
	银行存款			2 080
3-11 售给盐城汇百实业有限公司粗蒽138.6 吨	应收账款		11 700	
	主营业收入			10 000
	应交增值税（销项税）			1 700
3-12 收龙星化工股份公司蒽油款还赵军方借款	短期借款		3 000 000	
	应收账款			3 000 000
合 计				

主管： 复核： 制单：

三、应收账款的管理

应收账款是有特定的范围的。首先，应收账款是指因销售活动或提供劳务而形成的债权，不包括应收职工欠款、应收债务人的利息等其他应收款；其次，应收账款是指流动资产性质债权，不包括长期的债权，如购买长期债券等；最后，应收账款是指本公司应收客户的款项，不包括本公司付出的各类存出保证金，如投标保证金和租入包装物等保证金等。

（一）风 险

由于各种原因，在应收账款中总有一部分不能收回，形成呆账、坏账，直接影响了企业经济效益。对应收账款管理，其根本任务在于制定企业自身适度的信用政策，努力降低成本，力争获取最大效益，从而保证应收账款的安全性，最大限度地降低应收账款的风险。如何加强应收账款管理，有效防范风险呢？可以采取下列措施。

（1）提高认识，坚定控制不良应收账款的决心。良性的资产循环是一个企业生存与发展的基本条件，因资产变现困难形成大量不能按期偿还的应收账款，已逐渐成为企业破产最常见的原因，随着我国现代企业制度的建立，特别是银行商业化运作的逐步到位，这种趋势必将进一步发展。不良应收账款不仅能导致财务状况的恶化，而且会危及企业的生产与发展。鉴于这种情况，企业要提高对应收账款管理的科学认识，把不良应收账款控制到最低水平。

（2）完善管理制度，建立控制不良应收账款的制度保证体系。一是要建立信用评价制度，即具备什么样条件的建设单位才能达到可以垫资的信用标准和条件。二是要建立完善的合同管理制度，对于建设单位付款方式、归还办法、归还期限、违约责任等做出明确的规定，增强法律意识。三是要建立应收账款的责任制度，明确规定责任单位和责任人。四是要建立合理的奖罚制度，并作为经济责任制的主要指标和业绩及离任审计的考核指标。五是要建立应收账款分析制度，分析应收账款的现状和发展趋势及制度的执行情况，及时采取措施，进行控制。

（3）实施全过程控制，防止不良应收账款的产生。对应收账款的控制，主要是控制好两个阶段：一是项目的竞标签约阶段，要对业主的品质、偿还能力、财务状况等方面进行认真的调查研究，并分析其宏观经济政策，出具可行性研究报告，对业主的资信状况进行评价，做出是否垫资的决策。二是项目的履约过程，项目的履约过程必须建立收款责任制，确定具体的责任人员，按照合同及时敦促业主履约并关注资信变化的情况，同时，对内部履约的情况，如质量、工期、结算等是否按合同规定，通过分析，对于有不良趋势的应及时采取措施挽回损失，并防止发生变相的垫资。

（4）组织专门力量，对已形成的应收账款进行清理。由于计划经济条件下的盲目投资和政府性工程，使施工企业已形成了大量的应收账款。在当前市场经济条件下，必须加大对应收账款清欠回收工作的力度。制定相应制度，并采取相应管理措施。对已发生的正常应收账款，应根据不同情况，在单位负责人的分配协调下，有区别、有重点地开展清欠工作，加强对账，力争尽快回收资金；对不能正常收回的应收账款，应加大清欠力度，采取以物抵债、让利清收等措施强行收回；对已生成多年的坏账，经多次清欠无结果的，可采取与经济效益挂钩，清账提成的办法；对那些有一定偿还能力，对归还欠款不重视、不积极，并以种种借口推托不还的债务单位，应适当采取诉讼方式，以法律手段强制收回。

（二）回 收

信用管理经理人回收应收账款的主要工作不仅是减少呆坏账，更是平衡利润与风险，增加资本回报率。呆坏账不一定是坏事，有风险才有回报。

随着全球经济发展放缓，企业资金短缺成为一个普遍现象。数据显示，信用销售这一通过为客户融资来扩大生意的商业模式正逐渐成为一种潮流。但信用管理绝非是简单的风险控制，而是通过控制原本由于风险过大而无法成交的交易能顺利进行。信用管理人员是一群追逐投资回报率，平衡风险和利润的人。

发生应收账款的原因，主要有以下两种：

第一，商业竞争。这是发生应收账款的主要原因。在社会主义市场经济的条件下，存在着激烈的商业竞争。竞争机制的作用迫使企业以各种手段扩大销售。除了依靠产品质量、价格、售后服务、广告等外，赊销也是扩大销售的手段之一。对于同等的产品价格、类似的质量水平、一样的售后服务，实行赊销的产品或商品的销售额将大于现金销售的产品或商品的销售额。这是因为顾客将从赊销中得到好处。出于扩大销售的竞争需要，企业不得不以赊销或其他优惠方式招揽顾客，于是就产生了应收账款。由竞争引起的应收账款，是一种商业信用。

第二，销售和收款的时间差。商品成交的时间和收到货款的时间经常不一致，这也导致了应收账款。当然，现实生活中现金销售是很普遍的，特别是零售企业更常见。不过就一般批发和大量生产企业来讲，发货的时间和收到货款的时间往往不同。这是因为货款结算需要时间的缘故。结算手段越是落后，结算时间就越长，销售企业只能承认这种现实，并承担由此引起的资金垫支。由于销售和收款的时间差而造成的应收账款不属于商业信用，也不是应收账款的主要内容。

造成企业应收账款居高不下的原因可以从两个方面来归纳。一方面是由于市场竞争的激烈，企业为了扩大销售，增加企业的竞争力，这些因素常常迫使企业不得不采用赊销即发放信用的方式去争取客户，扩大市场占有率，而很多企业又故意拖欠账款，市场信用体制又不健全；另一方面是由于企业自身的问题。从主观上企业管理者普遍只重销售而忽视包括应收账款管理在内的内部管理，而客观上他们对于应收账款管理无论是经验还是理论都十分缺乏。

市场竞争日益激烈，企业为了扩大销售，增加了企业的竞争力就是应收账款形成的一个重要原因。而赊销本身是有风险的，这种赊销风险就是企业应收账款风险形成的原因。

赊销实际上就是将企业产品转化为现金的时间跨度拉长，企业资金周转放慢，经营成本加大。由于时间跨度拉长，发生坏账的概率增多，企业不能收回账款的风险也就越大，时间越长，风险就越大。企业管理者唯有事先制订有效的保护措施，方能确保把失误和风险降至最低，这就需要对客户的信用有一定的把握。所以企业信用管理是企业销售部门向客户发放信用的唯一依据，评价客户信用差的，企业应不对其进行赊销。

（三）作　用

应收账款的作用是指它在生产经营中的作用。应收账款的发生意味着企业有一部分资金被客户占用，同时企业持有应收账款也是有成本的。

1. 增加销售的作用

商业竞争是应收账款产生的直接原因。市场竞争激烈时，信用销售是促进销售的一种重要方式。信用销售实际是向顾客提供了两项交易：销售产品和在一定时期内提供资金。在卖方市场条件下，产品供不应求，企业没有必要采用信用销售而持有应收账款。只有当市场经济发展到一定程度并且市场转变为买方市场时，各行各业才会为了扩大市场占有率和增加销售收入而采用信用销售的方式。信用销售方式能够吸引客户的原因主要有以下两点：首先，在银根紧缩、市场疲软和资金匮乏的情况下，客户总是希望通过赊欠方式得到需要的材料物资和劳务。其次，许多客户希望保留一段时间的支付期以检验商品和复核单据。因此，在市场竞争激烈的情况下，如果企业不采用商业信用销售方式，那么市场就会萎缩，销售收入和利润就会减少，最终可能导致企业亏损甚至倒闭。

2. 减少存货的作用

在大部分情况下，企业持有应收账款比持有存货更有优势。

（1）从财务角度看，应收账款和存货都属于流动资产，但两者的性质是不同的。正常情况下，应收账款是一种可以确认为收入的债权，而存货除占用一部分资金外，其持有成本相对较高，诸如储存费用、保险费用、管理费用等。

（2）从生产的目的来看，产品售出并因此获得利润是生产的目的，将生产出来的产品放在仓库里而未实现销售有违企业建立的目的。

（3）从资信评级的角度看，存货的流动性要比应收账款差得多，虽然财务人员在计算流动比率时将存货和应收账款一视同仁，但在计算速动比率时将存货予以扣除。只有存货不是过时产品，而且与应收账款相比更易于抵押或典当来换取现金时，持有存货才比持有应收账款更具有优势。

（四）管 理

企业应收账款的管理包括建立应收账款核算办法、确定最佳应收账款的机会成本、制定科学合理的信用政策、严格赊销手续管理、采取灵活营销策略和收账政策、加强应收账款的日常管理等几方面内容。

1. 重视信用调查

对客户的信用调查是应收账款日常管理的重要内容。企业可以通过查阅客户的财务报表，或根据银行提供的客户的信用资料了解客户改造偿债义务的信誉、偿债能力、资本保障程度，是否有充足的抵押品或担保，以及生产经营等方面的情况，进而确定客户的信用等级，作为决定是否向客户提供信用的依据。

2. 控制赊销额度

控制赊销额度是加强应收账款日常管理的重要手段，企业根据客户的信用等级确定赊销额度，对不同等级的客户给予不同的赊销限额。必须将累计额度严格控制在企业所能接受的风险范围内。为了便于日常控制，企业要把已经确定的赊销额度记录在每个客户应收账款明细上，作为金额余额控制的警戒点。

3. 合理的收款策略

应收账款的收账策略是确保应收账款返回的有效措施，当客户违反信用时，企业就应采取有力措施催收账款，如这些措施都无效，则可诉诸法院，通过法律途径来解决，但是，轻易不要采用法律手段，否则将失去该客户。

除了以上几个方面的管理以外，对于已经发生的应收账款，还有一些措施，如应收账款追踪分析、应收账款账龄分析、应收账款收现率分析和建立应收账款坏账准备制度，也属企业应收账款管理的重要环节。

赊销企业在收账之前，应对应收账款的运行过程进行追踪分析。经销商能否严格履行赊销企业的信用条件，取决于两个因素：其一，经销商的信用品质；其二，客户现金的持有量与调剂度（如现金用途的约束性，其他短期债务偿还对现金的要求等）。如果客户的信用品质良好，持有一定的现金金额，且现金支出的约束性较少，可调剂程度较大，客户大多是不愿以损失市场信誉为代价而拖欠赊销企业货款的。如果客户信用品质不佳、现金贫乏，或者现金的调剂程度低下，那么赊销企业的账款遭受拖欠也就在所难免。

在对应收账款进行追踪分析的基础上，还要进行应收账款账龄分析。一般来讲，逾期拖欠时间越长，账款催收的难度越大，成为坏账的可能性也就越高。应收账款账龄分析就是考察研究应收账款的账龄结构，所谓应收账款的账龄结构，是诸多应收账款的余额占应收账款总计余额的比重，账款的使用时间越短，收回的可能性越大，亦即发生坏账损失的程度相对越小。反之，收回的难度及发生坏账损失的可能性也就越大。因此，对不同拖欠时间的账款及不同信用品质的客户，企业可采取不同的收账方法，制定出不同的经济可行的收账政策、收账方案，对可能发生的坏账损失，需提前有所准备，充分估计这一因素对企业损益的影响。对尚未过期的应收账款，也不能放松管理与监督，以防发生新的拖欠。

（五）损 失

应收账款的损失包括逾期应收账款的资金成本、附加收账费用、坏账损失，这些直接的损失比较显而易见，另外还有一些间接的损失，比如，企业赊销时虽然能使企业产生较多的利润，但是并未真正使企业现金流入增加，反而使企业不得不运用有限的流动资金来垫付各种税金和费用，加速了企业的现金流出，主要表现如下。

企业流转税的支出。应收账款带来的销售收入，企业并未实际收到现金，流转税是以销售收入为计算依据的，企业必须按时以现金缴纳。企业缴纳的流转税如增值税、营业税、消费税、资源税以及城市建设税等，必然会随着销售收入的增加而增加。

所得税的支出。应收账款产生了利润，但并未以现金实现，而缴纳所得税必须按时以现金支付。一旦应收账款无法及时收回时，企业的资金就可能周转不灵而不得不向银行借债，借债就要承担利息费用；如果企业搞"三角债"，拖欠供应商货款的话，就无法取得购货的现金折扣，或因为资信的降低而无法获得购货优惠，这样就会增加产品的成本，在价格竞争时处于劣势。如果同一时间发生多起损失，超出了企业对应收账款损失最大的承受能力，企业就可能陷入严重的财务危机，甚至是破产。

坏账准备	资产类（资产类备抵账户）
（1）确实无法收回的应收款，经批准确认为坏账损失的金额 （2）冲销多提的坏账准备金额	（1）应收款项发生减值而计提的坏账准备金额 （2）补提的坏账准备金额 （3）已确认并转销的应收账款又收回金额
余额：企业实际发生的坏账损失大于预计的坏账准备金额	余额：企业已计提但尚未转销的坏账准备金额

明细：按应收款项的类别进行明细核算。

坏账准备的流程。

1. 坏账损失的确认

债务人破产或死亡，用其破产财产或遗产偿还后，确实不能收回的部分；

因债务单位撤销，资不抵债，现金流量严重不足，确定不能收回的；

严重的自然灾害导致债务单位停产或在短时间内无力偿还债务，确实不能收回的；

债务人逾期3年尚未归还的应收账款，有证据表明确实无法收回的。

2. 坏账准备的计提

备抵法：企业按一定的原则和方法对可能发生的坏账损失提取相应的准备资金，在实际发生坏账准备时冲减坏账准备金并同时转销应收账款的数额（设定坏账准备账户，发生坏账损失时，从所设准备金账户中扣减）。

计算坏账准备提取金额的几种方法：

账龄分析法：按照应收账款的账龄长短来估计坏账损失及应提的坏账准备。

销货百分比法：按企业赊销金额的百分比来估计坏账损失及应提的坏账准备。

个别认定法：对每一项应收账款进行分析。

应收账款百分比法：按年末应收账款余额的一定比例来估计坏账损失及应提的坏账准备。

3. 坏账准备的会计核算

（1）计算期末应提的坏账准备。

期末坏账准备金额＝应收账款的年末余额×规定的计提比例

（2）本年应计提或冲销坏账准备金＝本年年末坏账准备金额－上年年末坏账准备

金额＋本年发生的坏账损失－已经确认为坏账又在本年收回的数额

（3）会计分录。

提取坏账准备：

借：资产减值损失

　　贷：坏账准备

无法收回的应收账款，冲销提取：

借：坏账准备

　　贷：应收账款

冲销已确认的损失：

借：应收账款

　　贷：坏账准备

借：银行存款

　　贷：应收账款

例 3－9： 甲企业采用备抵法核算坏账损失，并按应收账款年末余额的 5％计提坏账准备。2003 年 1 月 1 日，甲企业应收账款余额为 3 000 000 元，坏账准备余额为 150 000 元。2003 年度，甲企业发生了如下相关业务：

（1）销售商品一批，增值税专用发票上注明的价款为 5 000 000 元，增值税额为 850 000 元，货款尚未收到。

（2）因某客户破产，该客户所欠货款 10 000 元不能收回，确认为坏账损失。

（3）收回上年度已转销为坏账损失的应收账款 8 000 元并存入银行。

（4）收到某客户以前所欠的货款 4 000 000 元并存入银行。

要求：①编制 2003 年度确认坏账损失的会计分录；②编制收到上年度已转销为坏账损失的应收账款的会计分录；③计算 2003 年年末"坏账准备"科目余额；④编制 2003 年年末计提坏账准备的会计分录。（答案中的金额单位用元表示）

（1）确认坏账损失：

借：坏账准备　　　　　　　　　　　　　　10 000

　　贷：应收账款　　　　　　　　　　　　　　10 000

（2）收到上年度已转销的坏账损失：

①借：应收账款　　　　　　　　　　　　　　8 000

　　　贷：坏账准备　　　　　　　　　　　　　　8 000

②借：银行存款　　　　　　　　　　　　　　8 000

　　　贷：应收账款　　　　　　　　　　　　　　8 000

（3）2003 年年底应收账款科目的余额＝（3 000 000＋5 000 000＋850 000－10 000＋8 000－8 000－4 000 000）＝4 840 000

所以坏账准备科目的余额＝4 840 000×5%＝242 000（即应该按比例达到的数额）

（4）而此前坏账准备科目的余额（150 000－10 000＋8 000）＝148 000，需补提（即加上）94 000才凑足242 000，所以分录为：

借：资产减值损失 94 000

　贷：坏账准备 94 000

（六）融 资

当企业有好的投资机会，此时却由于很多应收账款未能及时收回，没有足够的资金时，就可以利用应收账款进行融资，主要有以下四条途径。

1. 应收账款证券化

企业可以根据自身的财务特点和财务安排的具体要求，对应收账款证券化融资，借助证券化提供一种偿付期与其资产的偿还期相匹配的资产融资方式，对资产负债表中具体项目进行调整和优化，盘活存量资产，增加资产流动性。特别是对于那些产品单价高、收到款项期限漫长的企业来说，应收账款往往在其资产负债表上占有相当大的比重，将应收账款进行证券化既能让这部分资产产生流动性，又能很好地为企业融得资金。企业可以将其应收账款证券化，由银行担任受托机构，发行基于该笔应收账款的短期受益证券。

2. 应收账款的抵借

在新实施的《物权法》条款中，扩大了动产担保物的范围，允许应收账款质押，明确了应收账款的登记机构为人民银行信贷征信系统，在动产担保制度方面取得了重大突破，有利于动产担保价值发挥，促进企业尤其是中小企业融资。

应收账款的抵借是将企业的应收账款作为抵押品向银行获得借款的一种融资方式，分为整体抵借和特定抵借。尤其适用于中小型企业，因为中小型企业的信用地位与社会地位使其不但难以进入直接融资市场，间接融资也是困难重重，客观上制约了中小企业在经济中优势的发挥。应收账款的抵借能够满足中小企业的资金需求，加速应收账款的周转率。企业以自己的应收账款作为抵押向银行申请贷款。银行的贷款额一般为应收账款面值的50%～90%。企业将应收账款抵押给银行后一般不通知相关的客户。

3. 委托专业机构

委托专业机构追讨或采取仲裁、法律诉讼的形式。当应收账款已经发生较大的损失时，企业应该尽快与债务方商讨，必要时进行债务重组。当债务企业破产时，应积极参与债权的申报以及追讨，切勿错过追订的最佳时机。对于有能力付款却恶意拖欠的，企业自己追讨一段时间后仍没有实质性的效果，可以委托专业机构追讨应收账款，由其代理行使债权人的追讨工作，当然如果还不行，就只好通过仲裁或法律诉讼来捍卫自身的正当权益了。

4. 在合同中约定所有权保留条款

根据我国《合同法》第 134 条规定："当事人可以在买卖合同中规定买受人未履行支付价款或其他义务的，标的物所有权属出卖人。"这样，只有客户在付清全部货款时，才能取得货物的所有权，即使客户破产了，由于该货物的所有权仍然属于企业，不会作为破产财产，从而很大程度上保障了应收账款的安全。

第三节 预付账款

一、定　义

预付账款是指企业按照购货合同的规定，预先以货币资金或货币等价物支付供应单位的款项。在日常核算中，预付账款按实际付出的金额入账，如预付的材料、商品采购货款、必须预先发放的在以后收回的农副产品预购订金等。对购货企业来说，预付账款是一项流动资产。预付账款一般包括预付的货款、预付的购货定金。施工企业的预付账款主要包括预付工程款、预付备料款等。

例 3 - 10：火凤凰公司预付扬州市明鑫压力容器有限公司工程进度款 100 000 元。

借：预付账款　　　　　　　　　　　　　　　100 000

　　贷：银行存款　　　　　　　　　　　　　　100 000

预付账款指买卖双方协议商定，由购货方预先支付一部分货款给供应方而发生的一项债权。预付账款一般包括预付的货款、预付的购货定金。施工企业的预付账款主要包括预付工程款、预付备料款等。预付账款是预先付给供货方客户的款项，也是公司债权的组成部分。

作为流动资产，预付账款不是用货币抵偿的，而是要求企业在短期内以提供商品、提供劳务或服务来抵偿。借方登记企业向供货商预付的货款，贷方登记企业收到所购物品应结转的预付货款，期末借方余额反映企业向供货单位预付而尚未发出货物的预付货款；本科目期末借方余额，反映企业预付的款项；期末如为贷方余额，反映企业尚未补货和获得劳务的款项。

注：预付账款属于会计要素中的资产，通俗点讲就是暂存别处的钱，在没有发生交易之前，钱还是你的，所以是资产。

二、账户核算及会计处理

企业应设置"预付账款"会计科目，核算企业按照购货合同规定预付给供应单位的款项。预付账款是企业因购货和接受劳务，按照合同规定预付给供应单位的款项；预付账款是企业因购货和接受劳务，按照合同规定预付给供应单位的款项，主要是预付货款。以下举例说明预付账款常用到的账务处理。如表3-3所示。

	预付账款		资产类
（1）预付的货款 （2）补服的货款	（1）企业收到所购物资的应付金额 （2）退回多付的款项 （3）无法收回所购物资的款项，经批准转为坏账准备损失的金额		
余额：企业实际预付的款项	余额：企业尚未补付的款项		

明细：按供货单位进行明细核算。

表3-3　　　　　　　　　　火凤凰公司记账凭证举例

摘　要	总账科目	明细科目	借方金额	贷方金额
3-13 付宜兴市宙斯泵业轴套款	预付账款		300	
	银行存款			300
3-14 购买C型钢——内丘县方圆冶金机械有限公司	预付账款			1 277
	原材料		1 092	
	增值税（进项税）		185	
3-15 购入无缝管——邢台市桥东区物资局金属材料供应部	预付账款			3 394
	库存产品		2 901	
	增值税（进项税）		493	
3-16 结转电费——内丘县供电公司	预付账款			242 962
	长期待摊费用		242 962	
合　计				

主管：　　　　　　复核：　　　　　　制单：

例3-11： 火凤凰公司根据购货合同规定，通过银行转账预付给明达公司订购材料款9 000元。分录如下：

借：预付账款——明达公司　　　　　　　　　9 000

贷：银行存款　　　　　　　　　　　9 000

例3-12：向明达公司订购的材料已经收到并验收入库，增值税专用发票列明材料价款（含运费）是 10 000 元、增值税额是 1 700 元，共计 11 700 元。分录如下：

　　借：原材料　　　　　　　　　　　　　　　10 000
　　　　应交税金——应交增值税（进项税额）　　1 700
　　　　贷：预付账款——明达公司　　　　　　　　　　11 700

例3-13：通过银行转账补付给明达公司材料款 2 700 元。分录如下：

　　借：预付账款——明达公司　　　　　　　　　2 700
　　　　贷：银行存款　　　　　　　　　　　　　　　　　2 700

例3-14：达森公司预付金鸿公司的货款余额 2 000 元，已由该公司汇入达森公司银行账户。分录如下：

　　借：银行存款　　　　　　　　　　　　　　　2 000
　　　　贷：预付账款——金鸿公司　　　　　　　　　　2 000

例3-15：达森公司预付给紫明公司的货款 12 000 元，因紫明公司撤销，所购货物已经无法收到。经批准，应作如下分录：

　　借：其他应收款——预付账款转入　　　　　　12 000
　　　　贷：预付账款——紫明公司　　　　　　　　　　12 000

注：预付款项情况不多的企业，也可以将预付的款项直接记入"应付账款"科目的借方，不设置"预付账款"科目。"预付账款"科目应按供应单位设置明细账，进行明细核算。"预付账款"科目期末借方余额，反映企业实际预付的款项；期末如为贷方余额，反映企业尚未补付的款项。

三、注意问题及规范

（一）注意问题

1. 防止利用预付账款作为"中转站"

按规定，企业的预付款业务必须以有效合法的供应合同为基础，而实际工作中有的企业的预付款业务根本无对应的合同，而是利用预付款这一"中转站"往来搭桥，为他人进行非法结算，将所得回扣或佣金据为己有；或利用该项业务转移资金，隐匿收入、私设"小金库"或私分。

例3-16：力图企业本与牟利企业无任何业务往来，但力图企业的负责人与牟利企业的财务主管有亲戚关系，于是，力图企业以收取一定"使用费"为条件，在审计人员的函证中证明该企业收到牟利企业的预付款，给审计人员的工作制造了很大的障碍，使力图企业和牟利企业两企业的会计核算失去了真实性。

2. 防止利用预付账款作为"回收站"

在许多企业中，"预付账款"账户就发挥着"回收站"的作用，企业销售商品，不确认收入，而是暂时存放在"预付账款"账户中，作为预付款，日后，再作相反会计分录，视同退款。这样的后果就是企业可以偷逃收入、偷逃税金、隐匿收入。

例3-17：力图企业将本应记入"其他业务收入""营业外收入"科目的事项记入"预收账款"科目，从而达到逃避缴纳流转税和所得税的目的。因此，检查时应审阅预收账款明细账贷方发生额，如果摘要记录不详，需通过账户记录找出该笔业务的记账凭证和原始凭证，看证证是否相符。

（二）规范流程

第一步：采购提出预付款申请。

采购员在遇到需要预付款的时候，会提出预付款申请。因为财务管理系统是一项单独的系统，没有跟进销存系统进行结合。所以，这个预付款申请的话，需要采购人员手动提出。

一般采购员会填写一张预付款申请单，由相关领导签字确认以后，拿到财务部门，让财务人员付款。财务人员看到这张预付款申请单的时候，在系统中输入相关的单据内容，并进行付款。

在系统中操作的时候，要注意几个问题。

一是单据类型的选择。为了与其他正常付款进行区别，在财务管理系统中，一般为预付款业务设置了一个特殊的单据，即"预付款单据"。这个单据跟其他单据的区别在于，系统在开立普通付款单的时候，会去查询这个预付款单据，看看有没有未结账的预付款单，若有的话，则会提示用户。其实，从财务管理上来说，预付款跟其他付款也有一定的区别。因为预付款是其他的资产，而不是负债。所以，无论从实际操作上来考虑，还是从财务理论上来说，把两者进行分开都是非常有必要的。有些财务管理系统，在单据上不做区别，但是，会有一个付款类型字段来进行分类。道理也是一样的。

二是最好注明具体的采购订单号。因为财务管理系统没有跟其他的系统相关联，所以，预付款单只能够财务部门自己开立。在这开立的过程中，要注意写明具体的采购订单号码。这主要是为了后续冲销作业的方便。因为在冲销的过程中，一般都是要对应到具体的采购订单上，而不是只要供应商对，什么采购定单都可以冲销的。若在这里注明采购定单的话，那在冲销业务的时候，就可以一目了然地知道，这张预付款单是针对哪张采购单的。用户在选择的时候，就会非常方便。

三是这张预付款单据的冲销状态。刚开立预付款单据的时候，这张单据的冲销状态显示为"未冲销"。这个字段一般不能手工维护，而是根据下面的冲销业务进行自动的更新。

第二步：付款单录入。

到了实际付款的时候，采购人员在填写付款申请的时候，一般会提交多张单据。

如公司采购单、公司收货单、供应商发票。若有预付款单的话，也会附上预付款单据。这里要注意一点，就是发票的问题。现在大部分企业的操作习惯是，供应商在收到预付款的时候一般不开发票，而是要等到货款结清的话，一次性开发票。当然，具体如何操作，还是要企业跟供应商之间进行协商。若有多张发票的时候，为了后续稽核的方便，则要在发票管理中或者付款单中输入多张发票号码。

第四节　其他应收款

一、定义

其他应收款是企业应收款项的另一重要组成部分。其他应收款科目核算企业应收票据、应收账款、预付账款、应收股利、应收利息、长期应收款等以外的其他各种应收及暂付款项。其他应收款通常包括暂付款，是指企业在商品交易业务以外发生的各种应收、暂付款项。

其他应收款主要包括：

（1）应收的各种赔款、罚款。如因企业财产等遭受意外损失而应向有关保险公司收取的赔款等。

（2）应收出租包装物租金。

（3）应向职工收取的各种垫付款项，如为职工垫付的水电费、应由职工负担的医药费、房租费等。

（4）存出保证金，如租入包装物支付的押金。

（5）其他各种应收、暂付款项。

二、账户核算及会计处理

其他应收款	资产类
（1）发生的金额	（1）收回的金额
	（2）经批准转为坏账损失的金额
余额：尚未收回的其他应收款	

例 3-18：12月5日，设立管理部门定额备用金，由李红负责管理。管理部门的定额备用金核定定额为300元，财务科开出现金支票。应作如下分录：

借：其他应收款——备用金（李红）　　　　　　　300
　　贷：银行存款　　　　　　　　　　　　　　　　　　300

例 3 - 19：12 月 22 日，经批准减少管理部门定额备用金的核定定额 100 元，李红将 100 元交回财务科。

借：库存现金　　　　　　　　　　　　　　　100
　　贷：其他应收款——备用金（李红）　　　　　　　100

例 3 - 20：12 月 30 日，由于机构变动，经批准撤销管理部门定额备用金，李红交回购买办公用品支出的普通发票 30 元及现金 170 元。

借：管理费用　　　　　　　　　　　　　　　30
　　库存现金　　　　　　　　　　　　　　　170
　　贷：其他应收款——备用金（李红）　　　　　　　200

三、注意问题及规范

企业拨出用于投资、购买物资的各种款项，不得在"其他应收款"科目核算。企业发生其他各种应收款项时，借记"其他应收款"科目，贷记有关科目；收回各种款项时，借记有关科目，贷记"其他应收款"科目。

实行定额备用金制度的企业，对于领用的备用金应当定期向财务会计部门报销。财务会计部门根据报销数用现金补足备用金定额时，借记"管理费用"等科目，贷记"现金"或"银行存款"科目，报销数和拨补数都不再通过"其他应收款"科目核算。

企业其他应收款与其他单位的资产交换，或者以其他资产换入其他单位的其他应收款等，比照"应收账款"科目的相关核算规定进行会计处理。

企业应当定期或者至少在每年年终时，对其他应收款进行检查，预计其可能发生的坏账损失，并计提坏账准备。企业对于不能收回的其他应收款应当查明原因，追究责任。对确实无法收回的，按照企业的管理权限，经股东大会或董事会，或经理（厂长）会议或类似机构批准作为坏账损失，冲销提取的坏账准备。

经批准作为坏账的其他应收款，借记"坏账准备"科目，贷记"其他应收款"科目。

已确认并转销的坏账损失，如果以后又收回，按实际收回的金额，借记"其他应收款"科目，贷记"坏账准备"科目；同时，借记"银行存款"科目，贷记"其他应收款"科目。其他应收款科目应按其他应收款的项目分类，并按不同的债务人设置明细账，进行明细核算。其他应收款科目期末借方余额，反映企业尚未收回的其他应收款。

1. 审查其他应收款内部控制制度

对其他应收款内部控制制度检查时，应注意：

（1）被查单位是否建立了明确的职责分工制度。"其他应收款"的总账和明细账户的登记应由不同的职员分别登记；现金收款员不得从事其他应收款的记账工作。

（2）是否建立了备用金领用和报销制度，备用金限额的确定是否合理，实际执行是否严格按照制度控制。

（3）是否建立了包装物的收受、领发、回收、退回等制度，是否设专人保管，是否有单独的账簿记录。

（4）是否建立定期清理制度，其他应收款的催收工作是否及时等。

2. 运用审阅法检查其他应收款（全面审阅"其他应收款"明细账）

通过审阅摘要说明及业务内容，看其是否记有不属于"其他应收款"账户核算范围的各种应收和暂付款项；是否有应向职工收取的各种垫付款项；是否有长期挂账现象；是否有将其他应收款违规转销的情况等。

3. 运用核对法检查其他应收款（在审阅明细账的基础上，再核对记账凭证及原始凭证）

不属于"其他应收款"账户核算的内容，往往通过查看记账凭证及原始凭证就会一目了然。通过审查记账凭证及原始凭证，可查明垫付款项的具体内容和垫付款作坏账损失处理的依据，从而判断其账务处理正确与否；通过核对记账凭证及原始凭证，可查明借款部门（单位）、借款人、借款时间、借款原因、借款金额、还款情况以及长期拖欠的金额等；通过核对记账凭证及原始凭证，可查清企业将其他应收款作为坏账损失处理的依据是否合规。

4. 运用调查方法检查其他应收款（向对方单位调查）

在核对法的基础上，对于情况不符的其他应收款，应调查对方单位，是否已将租金或押金等退回，而企业没有入账，转作"小金库"或被有关人员贪污；对于长期挂账的应收款，应询问有关人员，查清应收回款项长年挂账的原因，从而进一步弄清可能舞弊的全过程。

本章涉及的 T 型账户汇总如下：

应付账款		应收票据	
	500 000	585 000	500 000
	20 000	100 000	30 000
		52 650	600 000
合计 520 000	合计	合计	合计 392 350

主营业务收入	
	500 000
	29 000
	10 000
合计	合计　539 000

应交增值税	
185	8 500
493	7 650
	4 930
	1 700
合计	合计　22 102

银行存款	
600 000	25 000
50 000	2 080
	300
合计　622 620	合计

短期借款	
	100 000
3 000 000	
合计　2 900 000	合计

其他业务收入	
	45 000
合计	合计　45 000

应收账款	
33 930	50 000
25 000	3 000 000
2 080	
11 700	
合计	合计　2 977 290

长期待摊费用	
242 902	
合计　242 902	合计

预付账款	
300	3 394
1 277	242 962
合计	合计　244 779

原材料			库存商品		
	1 092			2 901	
合计	1 092	合计	合计	2 901	合计

 **本章任务**

1. 查阅应收账款的管理规则，思考应收账款管理的要领。

2. 查阅各类票据的应用范畴，与企业会计人员交流票据的各方面实际问题。

3. 在管理预收账款时，应注意的实际问题有哪些?

4. 火凤凰公司销售焊管给腾阳公司，全部货款 40 000 元，专用发票上注明的增值税 6 800 元，双方协商的付款条件 2/20，N/30（按不含税价计）。进行相应的会计处理。

5. 火凤凰公司 2015 年 9 月 1 日销售一批焊管给腾阳公司，货款 100 000 元，增值税为 17 000 元。收到 A 企业交来的商业承兑汇票一张，期限为 6 个月，票面利率为 5%。要求：编制火凤凰公司收到票据、年末计提利息、票据到期收回款项的会计处理流程。

6. 火凤凰公司因急需资金，于 8 月 7 日将一张 7 月 8 日签发、120 天期限、票面价值 100 000 元的不带息商业汇票向银行贴现，年贴现率为 10%，火凤凰公司能从银行获得的实际金额为多少，并做出相应的记账处理。

第四章 存 货

第一节 存货的概念及分类

一、存货的概念

存货是指企业或商家在日常活动中持有以备出售的原料或产品、处在生产过程中的在产品、在生产过程或提供劳务过程中耗用的材料、物料、销售存仓等。

存货区别于固定资产等非流动资产的最基本的特征是，企业持有存货的最终目的是为了出售，不论是可供直接销售，如企业的产成品、商品等；还是需经过进一步加工后才能出售，如原材料等。

存货范围确认的标准是企业对货物是否具有法人财产权（或法定产权）。凡在盘存日期法定所有权属于企业的所有物品，不论其存放在何处或处于何种状态，都应视为企业的存货；反之，凡是法定所有权不属于企业的物品，即使存放于企业，也不应包括在本企业的存货范围中。例如，按照合同规定已经开出发票售出，其所有权已经转移的物品，即使货物尚未运离企业，也不能确认为本企业的存货。

二、存货的分类

存货按不同的生产环节分为不同的种类，这里按照经济用途划分为以下几类：

原材料：指企业在生产过程中经加工改变其形态或性质并构成产品、主要实体的各种原料及主要材料、辅助材料、外购半成品（外购件）、修理用备件（备品备件）、包装材料、燃料等。

注：为建造固定资产等各项工程而储备的各种材料，虽然同属于材料，但是，由于用于建造固定资产等各项工程不符合存货的定义，因此不能作为企业的存货进行核算。例如，火凤凰公司中的无缝钢、叶轮、隔爆电机等。

在产品：指企业正在制造尚未完工的产品，包括正在各个生产工序加工的产品和已加工完毕但尚未检验或已检验但尚未办理入库手续的产品。例如，火凤凰公司中的蒽油。

半成品：指经过一定生产过程并已检验合格交付半成品给仓库保管，但尚未制造完工成为产成品，仍需进一步加工的中间产品。半成品不包括从一个生产车间转给另一个生产车间待继续加工的在产品，以及不能单独计算成本的在产品。

产成品：指工业企业已经完成全部生产过程并验收入库，可以按照合同规定的条件送交订货单位或者可以作为商品对外销售的产品。企业接受外来原材料加工制造的代制品和为外单位加工修理的代修品，制造和修理完成验收入库后，应视同企业的产成品。比如火凤凰公司中的精蒽油。

商品：指商品流通企业外购或委托加工完成验收入库用于销售的各种商品。比如火凤凰公司中的轻质洗油、脱晶蒽油罐、重质洗油等。

周转材料：指企业能够多次使用、但不符合固定资产定义的材料，如为了包装本企业商品而储备的各种包装物，各种工具、管理用具、玻璃器皿、劳动保护用品以及在经营过程中周转使用的容器等低值易耗品和建造承包商的钢模板、木模板、脚手架等其他周转材料。但是，周转材料符合固定资产定义的，应当作为固定资产处理。比如火凤凰公司中的螺丝、拉铆丁，机电金属垫，钢丝球、白大褂、水龙头等。

委托加工物资：指小企业委托外单位加工的各种材料、商品等物资。

三、存货的初始计量

确定存货的入账价值，就是要解决哪些支出应计入存货成本的问题。从理论上讲，企业无论从何种途径取得的存货，凡与存货形成有关的支出，均应计入存货的成本之内。实务中，存货历史成本的构成主要有三个方面，如图4-1所示。

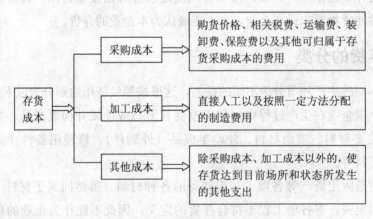

图4-1 存货历史成本的构成

1. 购货价格

购货价格是指企业购入存货的买价。通常，企业购入的各种存货，应根据发票金额确认购货价格。在发生购货折扣的情况下，购货价格指已经扣除商业折扣但包括现金折扣的金额，供货者允许扣除的现金折扣，不抵减有关项目的成本。在允许扣取折扣的期限内取得的现金折扣，作为理财收益，冲减当期财务费用。如果没有现金折扣，存货的购货价格就是发票金额。

2. 购货费用

购货费用是指除购买价格之外，企业购入存货在入库以前所需要支付的各种费用。购货费用包括两部分：

（1）外购存货入库前发生的除购买价之外的合理费用，包括购入存货发生的包装费、运杂费、挑选整理费用等，即采购费用；

（2）存货入库后到出库以前发生的必要支出，包括仓库租金、保管费用等，即仓储保管费用。

注：购货费用是否计入存货成本，要根据企业的具体情况和购货费用的重要性而定，数额较大、能够明确区分的购货费用，一般应计入存货成本；相反，那些数额较小、而且不易明确区分的购货费用，则可直接计入期间费用。我国目前企业会计实务中，除商品流通企业将购货费用列作期间费用处理外，工业企业及其他企业一般都将存货入库前发生的购货费用计入存货成本。

3. 税金

企业购入或负担的税金，哪些构成存货成本，哪些不构成存货成本，是正确确定企业外购存货入账价值的重要方面。在货物交易中，对交易者缴纳的流转税是否包括在外购存货的入账价值中，目前我国采用了两种方法：一种是采用价内税，即价格内包含了流转税，如消费税、资源税、城乡维护建设税等；另一种是采用价外税，如增值税。除此以外，从国外进口货物还要缴纳关税等。目前的规定如下：

（1）价内税是价格的组成部分，如前所述发票价格一般构成存货成本。但如购进已纳消费税的货物用于生产应税消费品的，则应扣除已纳的消费税。

（2）价外征收的增值税，应区别情况处理：

①经确认为增值税小规模纳税人的企业，其采购货物支付的增值税，无论是否在发票账单上单独列明，一律计入所购货物的采购成本。

②经确认为增值税一般纳税人的企业，其采购货物支付的增值税，凡专用发票或完税凭证中注明的，不计入所购货物的采购成本，而作为进项税额单独记账；用于非应纳增值税项目或免征增值税项目以及未能取得增值税专用发票或完税凭证的，其支付的增值税则计入购入货物的采购成本。

例4-1：火凤凰公司为一般纳税人，从外地购入原材料一批，取得的增值税专用发票上注明：材料价格为10 000元，增值税为1 700元，另支付运费800元，支付装卸费200元。该材料的采购成本为11 000元。

第二节　存货购入及发出的会计核算

一、存货购入的账户设置及核算

存货购入的收料单如图 4-2 所示。

收料单

发票号码：

供应单位：　　　　　　　　　　　　　　　　　　　　收料单编号：

材料类别：　　　　　　　　　　　　　　　　　　　　收料仓库：

编号	名称	规格	单位	数量		实际成本					计划成本	
				应收	实收	买价		运杂费	其他	合计	单位成本	金额
						单价	金额					
合　计												

采购员：　　　　　检验员：　　　　　记账员：　　　　　保管员：

图 4-2　收料单举例

（一）总账科目的设置

企业通常应该设置"材料采购""在途物资""原材料""材料成本差异""库存商品""发出商品""商品进销差价""委托加工物资""周转材料（企业的包装物、低值易耗品通过该科目进行核算）""存货跌价准备""待处理财产损溢"等总账科目。

（二）存货明细科目的设置

（1）"材料采购"科目核算企业采用计划成本进行材料日常核算而购入材料的采购成本。"材料采购"科目可按供应单位和材料品种设置二级明细科目。

（2）"在途物资"科目核算企业采用实际成本（或进价）进行材料、商品等物资的日常核算、货款已付尚未验收入库的在途物资的采购成本。"在途物资"科目可按供应单位和物资品种设置二级明细科目。物资采购的实际成本通过"在途物资"科目核算。

（3）"原材料"科目核算企业库存的各种材料，包括原料及主要材料、辅助材料、外购半成品（外购件）、修理用备件（备品备件）、包装材料、燃料等的计划成本或实际成本。收到来料加工装配业务的原料、零件等，应当设置备查簿进行登记。"原材料"科目应当按照材料的保管地点（仓库）、材料的类别、品种和规格等设置二级明细科目。

（4）"材料成本差异"科目核算企业采用计划成本进行日常核算的材料计划成本与实际成本的差异。企业也可以在"原材料""周转材料"等科目设置"成本差异"明细科目进行核算。"材料成本差异"科目可以分别按"原材料""周转材料"等设置二级明细科目，按照类别或品种进行明细核算。

（5）"库存商品"科目核算企业库存的各种商品的实际成本（或进价）或计划成本（或售价），包括库存产成品、外购商品、存放在门市部准备出售的商品、发出展览的商品以及寄存在外的商品等。"库存商品"科目可以按种类、品种和规格等设置二级明细科目。

（6）"发出商品"科目核算企业商品销售不满足收入确认条件但已发出商品的实际成本（或进价）或计划成本（或售价）。"发出商品"科目应当按照购货单位及商品类别和品种设置二级明细科目。

企业采用支付手续费方式委托其他单位代销的商品，也可以单独设置"委托代销商品"科目进行核算。

（7）"商品进销差价"科目核算企业采用售价进行日常核算的商品售价与进价之间的差额。"商品进销差价"科目应当按照商品类别或实物负责人设置二级明细科目。

（8）"委托加工物资"科目核算企业委托外单位加工的各种材料、商品等物资的实际成本。"委托加工物资"科目可以按加工合同、受托加工单位以及加工物资的品种等设置二级明细科目。

（9）"周转材料"科目核算企业周转材料的计划成本或实际成本，包括包装物、低值易耗品，以及企业（建筑承包商）的钢模板、木模板、脚手架等。"周转材料"科目应当按照周转材料的种类分别设置"在库""在用"和"摊销"二级明细科目。

企业的包装物、低值易耗品，也可以单独设置"包装物""低值易耗品"总账科目进行核算。

（10）"存货跌价准备"科目核算企业存货的跌价准备。"存货跌价准备"科目可按存货项目或类别设置二级明细科目。

由于存货属于流动资产，因此，存货清查的核算，应通过"待处理财产损溢——待处理流动资产损溢"明细科目进行核算。

企业的自制半成品不再单独设置会计科目，在"生产成本"科目中进行核算。火凤凰公司记账凭证如表4-1所示。

存货类科目	资产类
期初存货类余额	
（1）购入存货类金额（销售货物或提供劳务等）	（1）发出存货类用于生产
（2）发出存货类用于生产	（2）支出银行存款金额（如购买原材料、支付员工工资等）
期末余额：原材料库中剩余的存货	

表 4-1   火凤凰公司记账凭证举例

摘　要	总账科目	明细科目	借方金额	贷方金额
4-1 购入无缝管	原材料——辅助材料		2 480	
	增值税（进项税）		421	
	应付账款			2 901
4-2 蒽油入库	原材料		886 000	
	增值税（进项税）		150 620	
	银行存款			1 036 620
4-3 蒽油暂估入库	在途物资		83 700	
	增值税（进项税）		14 229	
	银行存款			97 929
4-4 购入中昂仪器公司溶氧仪一套	原材料——辅助材料		13 400	
	增值税（进项税）		2 278	
	应付票据			15 678
4-5 购入叶轮平衡、叶轮	原材料——辅助材料		2 100	
	增值税（进项税）		357	
	库存现金			2 457
4-6 购入河南开炭新材料洗油 72.62 吨	周转材料		211 000	
	银行存款			211 000
4-7 金海化工菲油（精蒽油）暂估入库 34.5 吨	库存商品		69 294	

摘 要	总账科目	明细科目	借方金额	贷方金额
	生产成本			69 294
4-8 付梅桂水暖配件经销处配件款	低值易耗品		304 028	
	银行存款			304 028
合计				

主管：　　　　　　复核：　　　　　　制单：

二、发出存货的计价方法

存货计价方法的选择是制定企业会计政策的一项重要内容。选择不同的存货计价方法将会导致不同的报告利润和存货估价，并对企业的税收负担、现金流量产生影响。各种存货发出时，企业可以根据实际情况，选择使用先进先出法、加权平均法、个别计价法等方法确定其实际成本。企业的领料单如图 4-3 所示。

领料单

仓库：　　　　　　　　　　　年　　月　　日　　　　　　领料单编号：

编号	类别	材料名称	规格	单位	数量		实际价格	
					请领	实发	单价	金额
合计								
用途					领料部门		发料部门	
					负责人	领料人	核准人	发料人

图 4-3 领料单举例

(一) 先进先出法

先进先出法是假定先收到的存货先发出或先收到的存货先耗用，并根据这种假定的存货流转次序对发出存货和期末存货进行计价的一种方法。

采用这种方法，先购入的存货成本在后购入存货成本之前转出，据此确定发出存货和期末存货的成本。具体方法是：收入存货时，逐笔登记收入存货的数量、单价和金额；发出存货时，按照先进先出的原则逐笔登记存货的发出成本和结存金额。

先进先出法可以随时结转存货发出成本，但较烦琐；如果存货收发业务较多、且存货单价不稳定时，其工作量较大。在物价持续上升时，期末存货成本接近于市价，而发出成本偏低，会高估企业当期利润和库存存货价值；反之，会低估企业存货价值和当期利润。

例 4-2： 火凤凰公司原材料明细账（采用先进先出法）如表 4-2 所示。

表 4-2 　　　　　　　　　　　原材料明细账　　　　　　　　　科目：甲材料

2015年		凭证号数	摘要	借方（收入）			贷方（发出）			借贷	余额（结存）		
月	日			数量	单价（元）	金额（元）	数量	单价（元）	金额（元）		数量	单价（元）	金额（元）
4	1		月初							借	850	12	10 200
	5	转8	入库	500	13	6 500				借	1 550	12 13	
	12	转10	发出				1 000			借	550	13	
	16	转18	入库	1 200	14	16 800				借	1550	13 14	
	22	转20	发出				680			借	870	14	
4	30		合计	1 700		23 300	1 680		21 320	借	870	14	12 180

本月发出甲材料 21 320 元。

月末结存甲材料 10 200＋23 300－21 320＝12 180（元）。

（二）加权平均法

加权平均法是根据期初存货结余和本期收入存货的数量及进价成本，期末一次计算存货的本月加权平均单价，作为计算本期发出存货成本和期末结存价值的单价，以求得本期发出存货成本和结存存货价值的一种方法。

加权平均单价＝（期初存货结余成本＋本期收入成本）/（期初结余数量＋本期收入数量）

例 4-3： 火凤凰公司原材料明细账（采用一次加权平均法）如表 4-3 所示。

表 4-3 　　　　　　　　　　　原材料明细账　　　　　　　　　科目：甲材料

2015年		凭证号数	摘要	借方（收入）			贷方（发出）			借贷	余额（结存）		
月	日			数量	单价（元）	金额（元）	数量	单价（元）	金额（元）		数量	单价（元）	金额（元）
4	1		月初							借	850	12	
	5	转8	入库	500	13	6 500				借	1 550		

| 2015 年 | | 凭证号数 | 摘要 | 借方（收入） | | | 贷方（发出） | | | 借贷 | 余额（结存） | | |
月	日			数量	单价（元）	金额（元）	数量	单价（元）	金额（元）		数量	单价（元）	金额（元）
	12	转 10	发出				1 000			借	550		
	16	转 18	入库	1 200	14	16 800				借	1 550		
	22	转 20	发出				680			借	870		
4	30		合计	1 700	—	23 300	1 680		22 075.2	借	870		

加权平均单位成本：（10 200＋23 300）/（850＋1 700）＝13.14（元）。

本月发出甲材料成本：13.14×1 680＝22 075.20（元）。

（三）个别计价法

个别计价法是以每次（批）收入存货的实际成本作为计算各该次（批）发出存货成本的依据。即：每次（批）存货发出成本＝该次（批）存货发出数量×该次（批）存货实际收入的单位成本。除上述计价法外，还有计划成本法、毛利率法、售价金额核算法等。

个别计价法亦称个别认定法、具体辨认法、分批实际法，采用这一方法是假设存货具体项目的实物流转与成本流转相一致，按照各种存货逐一辨认各批发出存货和期末存货所属的购进批别或生产批别，分别按其购入或生产时所确定的单位成本计算各批发出存货和期末存货成本的方法。这种方法，是把每一种存货的实际成本作为计算发出存货成本和期末存货成本的基础。

个别计价法的成本计算准确，符合实际情况，但在存货收发频繁情况下，其发出成本分辨的工作量较大。因此，这种方法适用于一般不能替代使用的存货、为特定项目专门购入或制造的存货以及提供的劳务，如珠宝、名画等贵重物品。

三、原材料的核算

原材料是指企业用于制造产品并构成产品实体的购入物品及购入后供生产耗用但不构成产品实体的辅助性物品。按其经济内容可以分为以下几种。

（一）材料按实际成本计价的核算

材料按实际成本计价方法进行的收发核算，要从收发凭证到明细分类核算和总分类核算，全部按实际成本计价。

1. 科目设置

材料按实际成本计价，应当设置"原材料"和"在途物资"两个科目进行核算。

（1）"原材料"科目。

为了反映和监督原材料的收入、发出和结存情况，企业应设置"原材料"科目进行核算，该科目属于资产类科目。"原材料"账户应按材料的保管地点，材料的类别、品种和规格设置材料明细账（或原材料卡片）。原材料明细账应根据收料凭证和发料凭证逐笔登记。

原材料（实际成本计价下）	资产类
（1）已验收入库原材料的实际成本（外购、自制、委托加工完成、其他单位投入、盘盈等原因增加的材料）	（1）发出原材料的实际成本（领用、发出加工、对外销售，以及盘亏、毁损等原因减少的库存材料）
余额：企业库存材料的实际成本	

（2）"在途物资"科目。

该科目用于核算企业已经付款或已开出、承兑商业汇票，但尚未到达或尚未验收入库的原材料。"在途物资"科目，应按供货单位设置明细科目，进行明细分类核算。

在途物资	资产类
（1）应计入材料、商品采购成本的金额（已付款未入库）	（1）所购材料、商品到达验收入库的金额（实际成本或进价）
余额：企业在途材料、商品等物资的采购成本	

2. 原材料收入的账务处理

企业原材料的来源有外购、自制、委托加工完成和盘盈等，不同来源的原材料其账务处理不同。

（1）外购原材料的账务处理。

外购材料，由于结算方式和采购地点的不同，材料入库和货款的支付在时间上不一定完全同步。从本地采购的材料，通常在货款支付后就能立即收到材料。从外地采购的材料，由于材料运输时间和结算凭证的传递以及承付时间的不一致，经常会发生结算凭证已到，货款已支付，但材料尚在运输途中的情况；有时也会发生材料已到，而结算凭证尚未到达，货款也未支付的情况。因此，材料采购要根据具体情况进行账务处理。

①对于结算凭证等单据与材料同时到达的采购业务，企业在支付货款、材料验收

入库后，应根据结算凭证、发票账单等单据确定的材料实际成本，借记"原材料"科目；根据取得的增值税专用发票上注明的税额，借记"应交税金——应交增值税（进项税额）"科目；按照实际支付或应支付的款项，贷记"银行存款""应付账款""应付票据"等科目。

②对于已支付货款或已开出、承兑商业汇票，但材料尚未运达的采购业务，应根据结算凭证、发票账单确定的材料实际成本，借记"在途物资""应交税金——应交增值税（进项税额）"科目，贷记"银行存款""应付账款""应付票据"等科目。待收到材料后，再根据收料单，借记"原材料"科目，贷记"在途物资"科目。

③采用预付货款方式采购材料。根据有关规定，预付材料价款时，应借记"预付账款"科目，贷记"银行存款"科目。已经预付货款的材料验收入库，应根据发票账单所列的价款、税额等，借记"原材料""应交税金——应交增值税（进项税额）"科目，贷记"预付账款"科目；预付款项不足，应按所需补付的金额借记"预付账款"科目，贷记"银行存款"科目；退回多付的款项，应借记"银行存款"科目，贷记"预付账款"科目。

例4-4：火凤凰公司付邢台瑞恩消防石棉被款（尚未入库）1 300元：

借：在途物资   1 300

  贷：银行存款   1 300

例4-5：上例的石棉被验收入库：

借：原材料   1 300

  贷：在途物资   1 300

例4-6：上例的石棉被投入生产线进行加工：

借：生产成本   1 300

  贷：原材料   1 300

（2）委托外单位加工完成并已验收入库的原材料。

例4-7：火凤凰公司委托基建公司生产产品50 000元：

借：原材料   50 000

  应交增值税——进项税   8 500

  贷：委托加工物资   58 500

（3）企业接受其他单位以原材料作价投资时，应按评估确认的价值。

例4-8：火凤凰公司接受基建公司的原材料，10 000元，作为投资：

借：原材料   10 000

  应交增值税——进项税   1 700

  贷：实收资本   11 700

2. 原材料发出的账务处理

由于企业材料的日常领、发业务频繁，为了简化核算，平时一般只登记材料明细分类账，反映各种材料的收发和结存金额，月末根据按实际成本计价的发料凭证，按领用部门和用途汇总编制"发料凭证汇总表"，据以登记总分类账，进行材料发出的总分类核算。

生产经营领用的原材料，借记"生产成本""制造费用""销售费用""管理费用"等科目，贷记本科目。

例 4-9：火凤凰公司 3 月发出材料：生产 A 产品耗用 45 000 元，生产 B 产品耗用 38 000 元，车间一般性消耗 3 000 元。

借：生产成本——A 产品　　　　　　　　　　45 000

　　　　　　——B 产品　　　　　　　　　　38 000

　　制造费用　　　　　　　　　　　　　　　　3 000

　贷：原材料　　　　　　　　　　　　　　　　　　　86 000

注：在建工程、福利等部门领用原材料，借记"在建工程""应付福利费"等科目，贷记本科目、"应交税金——应交增值税（进项税额转出）"等科目。

出售原材料，按售价和应收的增值税，借记"银行存款"等科目，按实现的营业收入，贷记"其他业务收入"科目，按专用发票上注明的增值税，贷记"应交税金——应交增值税（销项税额）"科目。

例 4-10：火凤凰公司销售一部分无缝钢，价款 60 000 元，增值税 10 200 元，款项收到存入银行。

借：银行存款　　　　　　　　　　　　　　　70 200

　贷：其他业务收入　　　　　　　　　　　　　　60 000

　　应交税金——应交增值税（销项税额）　　　10 200

按照实际成本计价的材料收发核算，从材料日常收发凭证到明细分类核算和总类核算，都是按照实际成本计价的。这对于材料收发业务频繁的企业，材料计价的工作量是极为繁重的，而且，这种计价方法难以看出收入材料的实际成本与计划成本相比是节约还是超支，难以从账簿中反映材料采购业务的经营成果。因此，这种计价方法一般只适合材料收发业务较少的企业。而对于材料收发业务频繁的企业，则应在其具备材料计划成本资料的条件下，采用计划成本计价方法。如图 4-4 所示。

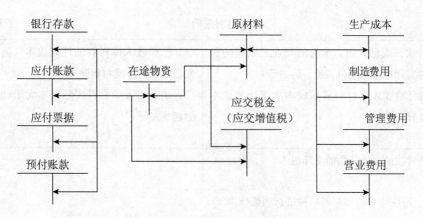

图4-4 材料按实际成本计价的核算程序

（二）按计划成本计价的核算

材料按计划成本计价方法进行收发核算，所有收发凭证按材料的计划成本计价；总账及明细分类账，按计划成本登记；材料的实际成本与计划成本的差异，通过"材料成本差异"科目进行核算。

科目设置：材料按计划成本计价，除设置"原材料"科目外，还应设置"材料采购"和"材料成本差异"科目。

1. "原材料"科目

该科目核算企业材料的计划成本，借方登记增加的原材料计划成本，贷方登记减少的原材料计划成本，期末余额表示库存原材料计划成本。其明细科目按材料的保管地点（仓库）、材料的类别、品种和规格进行明细核算。

原材料（计划成本计价下）	资产类
（1）已验收入库原材料的计划成本	（1）发出原材料的计划成本
余额：企业库存材料的计划成本	

2. "材料采购"科目

该科目核算采用计划成本进行材料日常核算的企业所购入的各种材料的采购成本，借方登记支付或承付的材料价款和运杂费等。

材料采购	资产类
（1）已付款（或已开出、承兑的商业汇票）的外购材料的实际成本（支付买价、运费等） （2）结转已验收入库材料实际成本小于计划成本的节约差异	（1）已验收入库材料的计划成本（尚未收到发票账单的外购材料除外） （2）结转已入库材料实际成本大于计划成本的超支差异
余额：已付款的在途货物的实际成本	

明细：按供应单位和材料品种进行明细核算。

3."材料成本差异"科目

这是采用计划成本进行材料日常核算的企业设置和使用的科目。该科目核算企业各种材料的实际成本与计划成本的差异，借方登记验收入库材料实际成本大于计划成本的差异额（超支额），以及调整库存材料的成本时调整减少计划成本的数额；贷方登记验收入库材料实际成本小于计划成本的差异（节约额）。

注：由于验收入库要从材料采购账户转到原材料账户中，借方登记原材料的计划数，贷方登记材料采购的实际数，材料成本差异可以通过计划成本数和实际成本数的差异表示，实际数小于计划数，即节约，材料成本差异在贷方；实际数大于计划数，即超支，材料成本差异在借方。分配计入领用、发出或报废的各种材料，材料成本差异都记在贷方（超支差异用蓝字登记，节约差异用红字登记）。

材料成本差异	资产类
（1）从"材料采购"账户贷方转入的购入材料物资的成本超支差异	（1）从"材料采购"账户借方转入的购入材料物资的成本节约差异 （2）发出材料物资应负担的成本差异（超支用蓝字；节约用红字）
余额：企业材料物资的实际成本大于计划成本的差异	余额：企业材料物资的实际成本小于计划成本的差异

明细：本账户可以分别"原材料""周转材料"等，按照类别或品种进行明细核算。

账务核算

1. 原材料收入的账务处理

采用计划成本进行材料收入的总分类核算，对于不同来源材料收入，应采用不同的账务处理方法。

（1）外购材料的账务处理。

①对于结算凭证等单据与材料同时到达的采购业务，企业在支付货款、材料验收入库后，应根据有关单证确定的材料实际成本，借记"材料采购"科目；根据取得的增值税专用发票上注明的税额，借记"应交税金——应交增值税（进项税额）"科目；按实际支付的款项，贷记"银行存款"等科目。

②企业采用商业汇票结算方式采购材料，开出、承兑商业汇票时，应根据结算凭证、发票账单确定的材料实际成本，借记"材料采购"、按专用发票上注明的增值税，"应交税金——应交增值税（进项税额）"科目，贷记"应付票据"科目。材料验收入库后，应根据收料单，按计划成本计价，借记"原材料"科目，贷记"材料采购"科目。

③采用预付货款方式购入材料，预付材料款时，借记"预付账款"科目，贷记"银行存款"科目。已经预付货款的材料验收入库时，应根据发票账单所列的价款、税额等，借记"材料采购""应交税金——应交增值税（进项税额）"科目，贷记"预付账款"科目；预付款项不足，补付款项时，借记"预付账款"科目，贷记"银行存款"科目；退回多付款项时，借记"银行存款"科目，贷记"预付账款"科目。

④月终，企业应根据已经付款或已开出、承兑商业汇票的收料凭证，按计划成本，借记"原材料"科目，贷记"材料采购"科目。当实际成本小于计划成本时，应按节约额，借记"材料采购"科目，贷记"材料成本差异"科目；相反，当实际成本大于计划成本时，应按超支额，借记"材料成本差异"科目，贷记"材料采购"科目。

⑤对于发票账单已到，但尚未付款或尚未开出、承兑商业汇票的收料凭证，应根据结算凭证等，借记"材料采购""应交税金——应交增值税（进项税额）"科目，贷记"应付账款"科目；同时，按计划成本，借记"原材料"科目，贷记"材料采购"科目；按实际成本与计划成本的差额，借记或贷记"材料成本差异"科目。

⑥对于尚未收到发票账单等单据而材料已到的业务，应在月末按材料的计划成本暂估入账，借记"原材料"科目，贷记"应付账款"科目。下月初用红字做同样的记账凭证，予以冲回。下月，当实际付款或开出、承兑商业汇票时，应借记"材料采购""应交税金——应交增值税（进项税额）"科目，贷记"银行存款"或"应付票据"等科目。

（2）企业自制并已验收入库的材料，应按计划成本计价，借记"原材料"科目，贷记"生产成本"科目，同时，结转材料成本差异。

（3）企业接受其他单位投入的原材料，应按照收入材料的计划成本，借记"原材料""应交税金——应交增值税（进项税额）"科目，按照其在实收资本或股本中所拥有的份额，贷记"实收资本"或"股本"科目。按其差额，贷记"资本公积"科目；

同时，按照收入材料的实际成本与计划成本的差额，结转材料成本差异，借记或贷记"材料成本差异"科目。

例 4-11：火凤凰公司为增值税一般纳税人，增值税率为 17%。材料按计划成本核算。焊管计划单位成本为 80 元/千克。4 月 16 日，公司从沈阳购入 A 材料 7 500 千克，增值税专用发票上注明的材料价款为 615 000 元。公司已用银行存款支付材料价款及增值税。材料已验收入库。账务处理为：

（1）借：材料采购   615 000

   应交税金——应交增值税（进项税额） 104 550

    贷：银行存款   719 550

（2）借：原材料   600 000

   材料成本差异   15 000

    贷：材料采购   615 000

2. 原材料发出的账务处理

领用和退回的材料。生产和管理部门领用的材料，应按其计划成本，借记"生产成本""制造费用""管理费用"等科目；贷记"原材料"科目。生产车间退回剩余材料，应按计划成本，借记"原材料"科目，贷记"生产成本"科目。

企业在建工程领用的材料，应按计划成本借记"在建工程"科目，贷记"原材料"科目、"应交税金——应交增值（进项税额转出）"科目。独立销售机构领用的材料，应按计划成本借记"销售费用"科目，贷记"原材料"科目。

月末结转本月耗用材料应分摊的成本差异，借记"生产成本""制造费用""管理费用""销售费用""在建工程"等科目，贷记"材料成本差异"科目。

例 4-12：火凤凰公司如果采用计划成本核算材料。3 月焊管原材料"发料凭证汇总表"列明，基本生产车间领用 83 000 元，辅助生产车间领用 25 000 元，车间管理部门领用 3 800 元，厂部管理部门领用 6 200 元，销售部门领用 1 000 元。本月该材料的成本差异率为 1%。材料按计划成本计价的核算程序如图 4-5 所示。

本月领用材料时，编制如下会计分录：

借：生产成本   108 000

  制造费用   3 800

  管理费用   6 200

  销售费用   1 000

   贷：原材料   119 000

月末，结转材料成本差异，编制如下会计分录：

借：生产成本   1 080

  制造费用   38

管理费用   62
销售费用   10
贷：材料成本差异   1 190（超支）

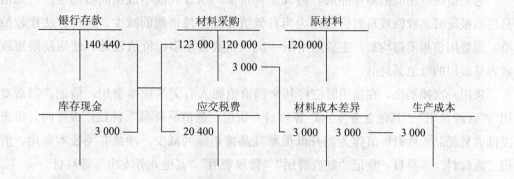

图 4-5 材料按计划成本计价的核算程序

四、低值易耗品的核算

低值易耗品是指单位价值较低、使用年限较短、不能作为固定资产的各种用具物品，如工具、管理用具、玻璃器皿，以及在生产经营过程中周转使用的包装容器等。

（一）低值易耗品核算使用的主要科目

为了反映和监督各种低值易耗品的收发和结存情况，企业应设置"低值易耗品"科目，对低值易耗品进行总分类核算。"低值易耗品"科目属于资产类科目。企业应按低值易耗品的品种规格进行数量和金额的明细分类核算，按低值易耗品的种类，应在"低值易耗品"科目下分设"在库低值易耗品""在用低值易耗品""低值易耗品摊销"三个二级科目进行明细分类核算。

周转材料——低值易耗品	资产类
（1）企业增加的低值易耗品的实际成本（或计划成本）（企业购入、自制、委托加工完成、盘盈等原因）	（1）企业领用、摊销以及盘亏等原因减少的低值易耗品的实际成本（或计划成本）
余额：期末库存未用低值易耗品的实际成本（或计划成本），以及在用低值易耗品的摊余价值（五五摊销法下）	

（二）低值易耗品的摊销

由于低值易耗品可以在生产过程中多次周转使用而不改变其原有的实物形态，其价值是逐步丧失的。为了反映这种逐步消耗的过程，应将其成本陆续转为费用。

低值易耗品的摊销方法有三种：

1. 一次摊销法

它是指在领用低值易耗品时，将其全部价值一次计入成本或期间费用中；在低值易耗品报废时，收回残料的价值作为当月低值易耗品摊销额的减少。这种方法比较简单，但费用负担不够均衡，主要适用于一次领用数量不多、价值较低、使用期限短或者容易破损的低值易耗品。

采用一次摊销法，在领用时应将其全部价值摊入有关的成本费用，借记"制造费用""管理费用""其他业务支出"等科目，贷记"低值易耗品"科目；报废时，将报废低值易耗品的残料价值作为当月低值易耗品摊销额的减少，冲减有关成本费用，借记"原材料"等科目，贷记"制造费用""管理费用""其他业务支出"等科目。

例 4 - 13：火凤凰公司 3 月购入一批车间用灯泡，价税合计 5 000 元，支付运杂费等 800 元，以银行存款支付。当月，生产车间全部领用。10 月，该批低值易耗品报废时收回残料价值 180 元。假设该公司按实际成本核算，有关账务处理如下。

购进低值易耗品，编制如下会计分录：

借：低值易耗品　　　　　　　　　　　　　　　　　5 800

　　贷：银行存款　　　　　　　　　　　　　　　　　　5 800

车间领用该批低值易耗品，编制如下会计分录：

借：制造费用　　　　　　　　　　　　　　　　　　5 800

　　贷：低值易耗品　　　　　　　　　　　　　　　　　5 800

报废低值易耗品残料入库，编制如下会计分录：

借：原材料　　　　　　　　　　　　　　　　　　　180

　　贷：制造费用　　　　　　　　　　　　　　　　　　180

2. 分期摊销法

它是指从领用低值易耗品起，根据低值易耗品的成本和预计的使用期限，将其价值分次计入成本或期间费用；在报废时，将摊余价值（扣除收回残料的价值）计入成本、费用。这种方法有利于成本、费用的合理负担，主要适用于使用期限较长、单位价值较高或一次领用数量较大的低值易耗品。

采用分期摊销法，在领用时，应借记"待摊费用"或"递延资产"科目，贷记"低值易耗品"科目。根据低值易耗品的使用期限计算月平均摊销额，摊入有关的成本费用，应借记"制造费用""管理费用""其他业务支出"等科目，贷记"待摊费用"科目；报废时，将其残料价值作为当月低值易耗品摊销额的减少，冲减有关成本费用，借记"原材料"等科目，贷记"制造费用""管理费用""其他业务支出"等科目。采用计划成本核算的企业，还应在月末结转当月领用低值易耗品的材料成本差异。

例 4 - 14：依上例的资料，企业的有关账务处理如下。

领用低值易耗品，编制如下会计分录：

借：待摊费用　　　　　　　　　　　　　　　　5 800

　　贷：低值易耗品　　　　　　　　　　　　　　　5 800

每月摊销时（共 10 个月），编制如下会计分录：

借：制造费用　　　　　　　　　　　　　　　　580

　　贷：待摊费用　　　　　　　　　　　　　　　　580

报废低值易耗品残料入库，编制如下会计分录：

借：原材料　　　　　　　　　　　　　　　　　180

　　贷：制造费用　　　　　　　　　　　　　　　　180

3. "五五"摊销法。

它是指在领用低值易耗品时，摊销其价值的 50%；在报废时摊销其价值的另外 50%（扣除收回残料的价值）。这种方法的优点是：在账面上保留"在用低值易耗品"的记录，有利于实物管理；当每月领用和报废大体均衡时，各月摊销额相差不多，有利于成本的合理负担。

五、包装物的核算

包装物是指企业在生产经营过程中为包装本企业产品而储备的各种包装容器，如桶、箱、瓶、坛、袋等。

（一）包装物核算使用的主要科目

为了反映和监督包装物的收发、领退和保管情况，企业应设置"包装物"科目。在"包装物"的总分类科目下，按包装物的种类，分别"在库""在用""摊销"进行明细核算。

周转材料——包装物	资产类
（1）企业购入、自制、委托加工、盘盈等原因增加的包装物的实际成本（或计划成本）	（1）企业领用、摊销、销售及盘亏等原因减少包装物的实际成本（或计划成本）
余额：期末在库包装物的实际成本（或计划成本），以及在用包装物的摊余价值（五五摊销法下）	

（二）包装物核算的主要账务处理

包装物入库（包括外购、自制、委托加工完成等）的核算与原材料收入的核算基本相同。这里我们主要介绍包装物发出和摊销的核算。

1. 包装物发出的账务处理

企业发出包装物的核算应按发出包装物的不同途径分别进行。

（1）生产领用的包装物。企业生产过程中领用的用于包装产品的包装物，应按领用包装物的实际成本（或计划成本，下同）计入产品生产成本，借记"生产成本"科目，贷记"包装物"科目。

例 4－15：火凤凰公司生产领用一批石棉板包装物，计划成本为 2 500 元，则公司应编制如下会计分录：

借：生产成本   2 500

  贷：包装物   2 500

（2）随同产品出售的包装物。随同产品出售的包装物又分为两种情况：随同产品出售而不单独计价的包装物，应于包装物发出时，计入销售费用中，即借记"销售费用"科目，贷记"包装物"科目；随同产品出售单独计价的包装物，应于销售发出时，视同材料销售处理，借记"其他业务支出"科目，贷记"包装物"科目。销售收入记入"其他业务收入"科目。

例 4－16：火凤凰公司销售产品时，领用不单独计价的一批石棉板包装物，其计划成本为 1 800 元。公司应编制如下会计分录：

借：销售费用   1 800

  贷：包装物   1 800

假设公司领用的包装物为随同产品出售单独计价的包装物，则应编制会计分录为：

借：其他业务支出   1 800

  贷：包装物   1 800

2. 包装物的摊销

出租和出借包装物可以长期周转使用，使价值逐渐丧失，因此要采用适当的方法摊销其成本。摊销的方法包括一次摊销法和分次摊销法。

（1）一次摊销法。

采用这种方法，在第一次领用新的包装物时，摊销其全部成本。

例 4－17：火凤凰公司出借一批石棉板包装物，实际成本为 3 000 元，采用一次摊销法，收取押金 3 500 元，并已存入银行。企业应编制如下会计分录：

借：销售费用   3 000

  贷：包装物   3 000

借：银行存款   3 500

  贷：其他应付款   3 500

（2）分次摊销法。

采用这种方法，在第一次领用新包装物时，将全部成本记入"待摊费用"科目，然后分次摊入"销售费用"或"其他业务支出"科目。

例 4-18： 承上例，假如企业采用分次摊销法，计划分 3 次摊销。

第一次领出时，编制如下会计分录：

借：待摊费用　　　　　　　　　　　　　　　3 000
　　贷：包装物　　　　　　　　　　　　　　　　3 000

分次摊销时，编制如下会计分录：

借：销售费用　　　　　　　　　　　　　　　1 200
　　贷：待摊费用　　　　　　　　　　　　　　　1 200

六、委托加工材料的核算

委托加工材料是指企业委托外单位加工的各种材料。委托加工材料应按实际成本计价核算，其实际成本包括：加工中实际耗用材料的实际成本、支付的加工费用、支付的税金（包括委托加工材料应负担的增值税和消费税）、支付加工材料往返运杂费。

（一）委托加工材料核算使用的主要科目

企业应设置"委托加工物资"科目。该科目属于资产类科目，用于核算企业委托外单位加工的各种材料的实际成本和发出加工物资的运杂费等，同时，企业还应按加工合同和受托加工单位设置明细科目，进行明细分类核算。委托加工材料的明细分类核算，应反映加工单位名称、加工合同号数，发出加工材料的名称、数量、发生的加工费和往返的运杂费，以及加工完成材料的实际成本等内容。

委托加工物资	资产类
（1）发给外单位加工物资的实际成本 （2）支付的加工费用 （3）支付的运杂费 （4）应负担的税金	（1）加工完成验收入库物资实际成本 （2）剩余物资的实际成本
余额：企业委托外单位加工但尚未完成物资的实际成本	

（二）委托加工材科核算的主要账务处理

企业发出材料时，应按其实际成本，借记"委托加工物资"科目，贷记"原材料"

科目，按计划成本（或售价）核算的公司还应同时结转成本差异；支付加工费和运杂费时，借记"委托加工物资""应交税金——应交增值税（进项税额）"科目，贷记"银行存款"科目；需要缴纳消费税的委托加工物资，收回后直接用于销售的，应将受托方代收代交的消费税计入委托加工物资成本，借记"委托加工物资"科目，贷记"应付账款""银行存款"等科目；收回后用于连续生产的物资，按规定准予抵扣的，按受托方代收代交的消费税，借记"应交税金——应交消费税"科目，贷记"应付账款""银行存款"等科目。加工完成验收入库的材料和剩余材料，应按其实际成本，借记"原材料"科目，贷记"委托加工物资"科目。

例 4-19： 火凤凰公司的焊管原材料采用实际成本计价核算。该企业因经营需要，将一批原材料委托甲企业代为加工，发出材料的实际成本为 4 800 元，支付的加工费、运杂费等合计 500 元，支付的增值税为 85 元。材料加工完成，验收入库，有关账务处理如下：

发出材料时，编制如下会计分录：

借：委托加工物资   4 800

    贷：原材料   4 800

支付加工费、运杂费时，编制如下会计分录：

借：委托加工物资   500

    贷：银行存款   500

取得增值税专用发票，支付增值税时，编制如下会计分录：

借：应交税金——应交增值税（进项税额）   85

    贷：银行存款   85

委托加工材料完工，验收入库时，编制如下会计分录：

借：原材料   5 300

    贷：委托加工物资   5 300

七、库存商品的核算

（一）库存商品核算使用的主要科目

库存商品是指企业已完成全部生产过程并已验收入库，合乎标准规格和技术条件，可以按照合同规定的条件送交订货单位，或可以作为商品对外销售的产品以及外购或委托加工完成验收入库用于销售的各种商品。

企业应设置"库存商品"科目，核算库存商品的增减变化及其结存情况。商品验收入库时，应由"生产成本"科目转入"库存商品"科目；对外销售库存商品时，根据不同的销售方式进行相应的账务处理；在建工程等领用库存商品，应按其成本转账。库存商品明细账应按企业库存商品的种类、品种和规格设置明细账。如有存放在本企业所属门市部准备出售的商品、送交展览会展出的商品，以及已发出尚未办理托收手续的商品，都应单独设置明细账进行核算。库存商品明细账一般采用数量金额式。

库存商品	资产类
（1）验收入库产成品的实际成本（或计划成本）	（1）对外销售等发出商品的实际成本（或计划成本）
余额：企业库存商品的实际成本（或计划成本）	

（二）库存商品的主要账务处理

企业生产的产成品一般应按实际成本核算，产成品的入库和出库，平时只记数量不记金额，期（月）末计算入库产成品的实际成本。生产完成验收入库的产成品，按其实际成本，借记本科目、"农产品"等科目，贷记"生产成本""消耗性生物资产""农业生产成本"等科目。

产品种类较多的，也可按计划成本进行日常核算，其实际成本与计划成本的差异，可以单独设置"产品成本差异"科目，比照"材料成本差异"科目核算。

采用实际成本进行产品日常核算的，发出产品的实际成本，可以采用先进先出法、加权平均法或个别认定法计算确定。

对外销售产成品（包括采用分期收款方式销售产成品），结转销售成本时，借记"主营业务成本"科目，贷记本科目。采用计划成本核算的，发出产品还应结转产品成本差异，将发出产品的计划成本调整为实际成本。

购入商品采用进价核算的，在商品到达验收入库后，按商品进价，借记本科目，贷记"银行存款""在途物资"等科目。委托外单位加工收回的商品，按商品进价，借记本科目，贷记"委托加工物资"科目。

购入商品采用售价核算的，在商品到达验收入库后，按商品售价，借记本科目，按商品进价，贷记"银行存款""在途物资"等科目，按商品售价与进价的差额，贷记"商品进销差价"科目。委托外单位加工收回的商品，按商品售价，借记本科目，按委托加工商品的账面余额，贷记"委托加工物资"科目，按商品售价与进价的差额，贷记"商品进销差价"科目。

对外销售商品（包括采用分期收款方式销售商品），结转销售成本时，借记"主营业务成本"科目，贷记本科目。采用进价进行商品日常核算的，发出商品的实际成本，可以采用先进先出法、加权平均法或个别认定法计算确定。采用售价核算的，还应结转应分摊的商品进销差价。

例 4 - 20： 火凤凰公司结转发出邯郸黑猫炭黑有限责任公司的脱晶蒽油
1 763 782元。

借：主营业务成本　　　　　　　　　　　　　1 763 782

　　贷：库存商品　　　　　　　　　　　　　　1 763 782

火凤凰公司记账凭证举例如表4-4所示。

表 4 - 4　　　　　　　　　　火凤凰公司记账凭证举例

摘　要	总账科目	明细科目	借方金额	贷方金额
结转发出商品确认收入库存成本——邯郸黑猫炭黑有限责任公司	主营业务成本		1 763 782	
	库存商品			1 763 782

第三节　存货的清查

一、存货清查的概念及原因

存货清查的概念：对存货进行清查盘点，确认其是否账实相符的方法。

清查存货的原因：在各种存货的收发、计量和核算过程中难免发生错账、自然损耗和被盗等，造成账实不符。为保证存货的真实性、完整性，有必要对存货进行清查。造成账实不符的基本原因：记账有误。发生盘盈或盘亏。期末，处理后本账户应无余额。

待处理财产损益——待处理流动资产损益

(1) 批准前转入的盘亏、毁损存货成本	(3) 批准前转入的盘盈存货的成本
(2) 经批准结转的盘盈存货的成本	(4) 经批准转销的盘亏、毁损存货成本

期末，处理后本账户应无余额。

二、存货清查账务处理

对盘盈、盘亏存货的处理可分为两步，首先，将清查结果中的盘盈、盘亏数转入

"待处理财产损溢——待处理流动资产损溢"账户，其次，将清查结果报经上级批准，根据批准将盈亏数额从"待处理财产损溢"账户转入相应的账户。存货盘点报告如表4-5所示。

表4-5 存货盘点报告

年 月 日

存货编号	名称规格	计量单位	数量		单价	盘盈		盘亏		原因
			账存	实存		数量	金额	数量	金额	

为了简单明了，特将存货清查批准前批准后的账务处理用表格表示，如表4-6所示。

表4-6 存货清查的账务处理

	批准前	批准后
存货盘盈	借：存货有关科目 贷：待处理财产损溢	借：待处理财产损溢——待处理流动资产损溢 贷：管理费用
存货盘亏	借：待处理财产损溢 贷：存货有关科目	借：管理费用（扣除赔偿及残值后的正常损失） 其他应收款（过失人或保险公司赔偿） 营业外支出（扣除赔偿及残值后的非正常损失） 贷：待处理财产损溢——待处理流动资产损溢

例4-21：火凤凰公司在存货清查中发现一批账外原材料焊管，总成本为32 600元。按规定冲减管理费用。

报经批准前的账面调整：

借：原材料 32 600

　　贷：待处理财产损溢——待处理流动资产损溢 32 600

经批准后的核销处理：

借：待处理财产损溢——待处理流动资产损溢 32 600

　　贷：管理费用 32 600

例4-22：火凤凰公司在财产清查中发现一批原材料焊管盘亏，实际成本为280 000元，增值税进项税额47 600元。280 000元计入管理费用，47 600元由保险公司赔偿。

批准前的账面调整：

借：待处理财产损溢——待处理流动资产损溢　　　327 600

　　贷：原材料　　　　　　　　　　　　　　　　　　280 000

　　　　应交税费——应交增值税（进项税额转出）　47 600

批准后的核销处理：

借：管理费用　　　　　　　　　　　　　　　　　280 000

　　其他应收款——保险公司　　　　　　　　　　　47 600

　　贷：待处理财产损溢——待处理流动资产损溢　　327 600

本章涉及的 T 型账户汇总如下。

原材料	
2 480	
886 000	
13 400	
2 100	
211 000	
合计　1 114 980	合计

增值税	
421	
150 620	
14 229	
2 278	
357	
合计　167 905	合计

应付账款	
	2 901
合计	合计　2 901

银行存款	
	1 036 620
	97 929
	211 000
	304 028
合计	合计　1 649 577

在途物资	
83 700	
合计　83 700	合计

应付票据	
	15 678
合计	合计　15 678

库存现金		库存商品	
	2 457	69 294	1 763 782
合计	合计 2 457	合计	合计 1 694 488

生产成本		低值易耗品	
	69 294	304 028	
合计	合计 69 294	合计 304 028	合计

主营业务成本	
1 763 782	
合计 1 763 782	合计

本章任务

1. 学习存货的具体分类。

2. 学习存货管理系统，思考当前提出的房地产去库存政策有何重要意义，以及工业企业面料的产能过剩问题。

3. 思考库存过大对企业经营管理上产生的影响。

4. 火凤凰公司，系增值税一般纳税人，对于材料采用计划成本核算。2016年2月5日购入钢材100吨，增值税专用发票注明每吨单价4 000元，价款400 000元，进项税额68 000元，双方商定采用商业承兑汇票结算方式支付货款，付款期限为3个月。以银行存款支付运费40 000元，增值税抵扣率为7%，抵扣额2 800元，该批钢材已运到，并验收入库。钢材的计划成本每吨4 100元。要求，计算该批钢材材料成本差异，并编制相关会计分录。

5. 火凤凰公司2010年2月初材料成本差异余额为借方89 300元,库存材料计划成本为4 000 000元,其中:包装物材料成本差异贷方余额10 000元,计划成本为500 000元;本月收入购进材料发生材料成本差异借方金额为150 000元,其中:包装物材料成本差异额为5 000元;发生材料成本差异贷方金额为20 000元;收入购进材料计划成本为8 100 000元,其中包装物250 000元。本月发出领用材料计划成本13 000 000元,其中:包装物500 000元;分别为:生产车间原材料9 500 000元,包装物500 000元,管理部门1 000 000元,销售部门2 000 000元。要求,计算材料成本差异率及各部门应负担的材料成本差异,并编制相关会计分录。

6. 火凤凰公司为增值税一般纳税人,2015年7月1日结存A材料1 000千克,单位成本50元。7月A材料收发业务如下:

(1) 5日,从外地购入A材料5 000千克,价款235 600元,增值税40 052元,运杂费2 100元,其中运费可抵扣进项税100元。A材料验收入库时实收4 950千克,短缺的50千克属于定额内损耗。

(2) 8日,生产领用A材料1 800千克。

(3) 12日,在本市购入A材料4 000千克,价款194 000元,增值税32 980元,材料已验收入库。

(4) 15日,生产领用A材料3 500千克。

(5) 20日,从外地某公司购入A材料2 500千克,单价46.5元,价款116 250元,增值税为19 762.5元。支付运杂费2 560元,其中运费可抵扣进项税60元。A材料已验收入库。

(6) 25日,生产领用A材料6 000千克。

7. 火凤凰公司为增值税一般纳税人,材料按计划成本核算。该企业2015年7月初"原材料"账户余额为135 000元,"材料成本差异"账户为借方余额11 961.4元。7月发生如下经济业务:

(1) 4日,向乙企业采购A材料,买价110 000元,增值税18 700元,运杂费1 600元(其中运费1 000元),货款共130 300元,已用银行存款支付。材料已验收入库,计划成本为110 000元。

(2) 12日,向甲企业购入A材料,买价150 000元,增值税25 500元,甲企业代垫运杂费2 000元(其中运费1 300元)。企业签发并承兑一张票面金额为177 500元、1个月期的商业承兑汇票结算材料款项。该批材料已验收入库,计划成本为160 000元。

(3) 15日,向丙企业采购B材料4 000千克,买价150 000元,增值税25 500元,丙企业代垫运杂费2 400元。货款共计177 900元,已用银行存款支付,材料尚未收到。

（4）25 日，向丙企业购买的 B 材料已运到，实际验收入库 3 930 千克，短缺 70 千克，其中，20 千克属定额内损耗，其余 50 千克原因待查。B 材料单位计划成本为 38 元。

（5）28 日，向丙企业购买的 B 材料，买价 100 000 元，增值税 17 000 元，丙企业代垫运杂费 1 800 元（其中运费 1 000 元）。货款共计 118 800 元，已用银行汇票支付，材料尚未收到。

（6）28 日，向乙企业采购 A 材料，发票等结算凭证尚未收到。材料已验收入库，计划成本为 60 000 元。

（7）经查，向丙企业购入的短缺的 50 千克 B 材料，属于运输部门失职造成的，应由其赔偿。

（8）31 日，根据发料凭证汇总表，本月领用材料的计划成本为 538 000 元，其中：生产产品领用 396 000 元，车间管理部门领用 45 000 元，厂部管理部门领用 67 000 元，销售部门领用 30 000 元。

第五章 固定资产

第一节 固定资产的定义及特征

一、固定资产的定义和特征

固定资产是指使用期限较长，单位价值较高，并且在使用过程中保持原有实物形态的资产。生产经营用的、使用期限在一年以上的房屋、建筑物、机器、设备、器具、工具等资产作为固定资产；不属于生产经营主要设备的物品，单位价值在2 000元以上，并且使用期限超过两年的也应作为固定资产。不属于上述条件的劳动资料，企业应当作为低值易耗品核算和管理。

固定资产属于物质资料生产过程中用来改变或影响劳动对象的劳动资料。它能连续在若干生产周期内发挥作用而不改变原有的实物形态，其价值将随着使用磨损而逐渐地减少。减少的价值以折旧的形式转移到产品成本中，构成产品价值的组成部分，并随着产品价值的实现而转化为企业的货币资金。但是，并非所有的劳动资料都可作为企业的固定资产。企业中作为固定资产核算和管理的劳动资料一般应具有以下特征：

（1）使用期限较长，其耐用期限至少超过一年或大于一年的经营周期；

（2）使用寿命是有限的（作为固定资产管理的土地除外）；

（3）企业拥有固定资产的目的是供企业生产经营使用，而不是为了出售等其他目的（这一特征是区别固定资产与流动资产的重要标志）。

二、固定资产的计价

固定资产的计价方法主要有以下三种：

（1）按历史成本计价。历史成本也称为原始价值或原始购置成本，是指企业购建某项固定资产达到可使用状态前所发生的一切合理的、必要的支出。其主要优点是具有客观性和可验证性。也就是说，按照这种方法确定的价值，均是实际发生并有支付凭据的支出。企业新购建固定资产的计价，确定计提折旧的依据等均采用这种计价方法。也正是由于这种计价方法具有客观性和可验证性的特点，它成为固定资产的基本计价标准。对固定资产的计价均采用历史成本。

（2）按重置完全价值计价。重置完全价值也称为现时重置成本，是指在当时的生产技术条件下，重新购建同样的固定资产所需要的全部支出。按现时重置成本计价，虽然可以比较真实地反映固定资产的现时价值，但也带来一系列的其他问题，致使会计实务操作较为复杂。因此，这种方法仅在清查财产中确定盘盈的固定资产价值时使用，或在对报表进行补充、附注说明时采用。对于投资者投入的固定资产、企业接受捐赠的固定资产也采用重置完全价值计价。

（3）按净值计价。固定资产净值也称为折余价值，是指固定资产原始价值或重置完全价值减去已提折旧后的净额。它可以反映企业实际占用固定资产的金额和固定资产的新旧程度。这种计价方法主要用于计算盘盈、盘亏、毁损固定资产的损益等。

第二节　固定资产增加的核算

固定资产的取得按其来源不同分为：购置的固定资产、自行建造的固定资产、投资人投入的固定资产、租入的固定资产、接受捐赠的固定资产和盘盈的固定资产等，企业应当分别不同来源进行会计处理。

一、购入固定资产的核算

（一）购入不需安装的固定资产

购入不需安装的固定资产，是指企业购入的固定资产不需要安装就可以直接交付使用。购入的固定资产按实际支付的全部价款，或售出单位的账面原价加上包装费、运杂费等支出，借记"固定资产"科目，贷记"银行存款"科目。

例5-1：火凤凰公司为增值税一般纳税人，在2015年2月3日购进一台不需要安装的生产设备，收到的增值税专用发票上注明的设备价款为3 000万元，增值税税额为510万元，款项已支付；另支付保险费15万元，装卸费5万元。当日，该设备投入使用。火凤凰公司记账凭证如表5-1所示。

火凤凰公司该设备的初始入账价值为3 020万元，即3 000＋15＋5＝3 020（万元）。

借：固定资产　　　　　　　　　　　　　　3 020
　贷：银行存款　　　　　　　　　　　3 020

財务会计学实训

	固定资产			资产类

（1）增加的固定资产入账价值	（1）处置减少的固定资产的账面余额
余额：企业期末固定资产的原价	

明细：按固定资产类别和项目进行明细核算。

表 5-1 火凤凰公司记账凭证举例

摘　要	总账科目	明细科目	借方金额	贷方金额
5-1 王丹报销购买搅拌器	固定资产		11 440	
	库存现金			11 440
5-2 购入山西凌宇设备公司地埋罐等设备	固定资产		27 000	
	增值税（进项税）		4 590	
	银行存款			31 590
5-3 购入尚品电子科技开发有限公司监控设备一套，款项尚未支付	固定资产		23 603 118	
	增值税（进项税）		4 012 529	
	应付账款			27 615 647
5-4 融资租入固定资产	固定资产		31 931 623	
	长期应付款			31 931 623
5-5 耙式真空干燥机减速机安装	固定资产		73 846	
	在建工程			73 846
5-6 接受石家庄宇宣环保公司脱硫塔设备作为投资	固定资产		250 000	
	实收资本			250 000
合　计				

主管： 复核： 制单：

（二）购入需要安装的固定资产

购入需要安装的固定资产是指购入的固定资产需要经过安装以后才能交付使用。企业购入固定资产时，按实际支付的价款（包括买价、税金、包装费、运输费等），借记"在建工程"科目，贷记"银行存款"等科目；发生的安装费用，借记"在建工程"科目，贷记"银行存款""原材料"等科目；安装完成交付验收使用时，按其实际成本

（包括买价、税金、包装费、运输费和安装费等）作为固定资产的原价转账，借记"固定资产"科目，贷记"在建工程"科目。

例5-2：火凤凰公司用银行存款购入一台结晶器（需要安装），有关发票等凭证显示其买价480 000元，增值税81 600元，包装运杂费等5 000元，设备投入安装。

借：在建工程　　　　　　　　　　　　　485 000
　　应交税费——应交增值税（进项税额）　81 600
　　贷：银行存款　　　　　　　　　　　　566 600

上述设备在安装过程中发生的安装费如下：领用本企业的原材料价值12 000元，应付本企业安装工人的薪酬22 800元。

借：在建工程　　　　　　　　　　　　　34 800
　　贷：原材料　　　　　　　　　　　　　12 000
　　　　应付职工薪酬　　　　　　　　　　22 800

上述设备安装完毕，达到预定可使用状态，并经验收合格办理竣工决算手续，现已交付使用，结转工程成本。

借：固定资产　　　　　　　　　　　　　519 800
　　贷：在建工程　　　　　　　　　　　　519 800

在建工程	资产类
（1）工程发生的各项实际支出	（1）结转的已达到预定可使用状态的工程的实际成本
余额：企业尚未达到预计可使用状态的在建工程的成本	

明细：可按"建筑工程""安装工程""在安装设备""待摊支出"以及单项工程等进行明细核算。

工程物资是指用于固定资产建造的建筑材料（如钢材、水泥、玻璃等），企业（民用航空运输）的高价周转件（如飞机的引擎）等。买回来要再次加工建设的资产，在资产负债表中列示为非流动资产。企业会计记录设置工程物资科目，该科目核算企业为基建工程、更改工程和大修理工程准备的各种物资的实际成本，包括为工程准备的材料、尚未交付安装的需要安装设备的实际成本，以及预付大型设备款和基本建设期间根据项目概算购入为生产准备的工具及器具等的实际成本。企业购入不需要安装的设备，应当在"固定资产"科目核算，不在本科目核算。工程物资科目应当设置以下明细科目：①专用材料；②专用设备；③预付大型设备款；④为生产准备的工具及器具。

工程物资			资产类
（1）购入为工程准备的物资的实际成本		（1）领用工程物资的成本	
（2）剩余工程物资退库的金额		（2）工程完工后剩余的工程物资转做本企业存货的金额	
余额：企业为在建工程准备的各种物资成本			

明细：可按"专用材料""专用设备""工器具"等进行明细核算。

注：在建工程和工程物资的区别。

工程物资：反映企业各项工程尚未使用的工程物资的实际成本。本项目应根据"工程物资"科目的期末余额填列。

在建工程：反映企业期末各项未完工程的实际支出，包括交付安装的设备价值。未完建筑安装工程已经耗用的材料、工资和费用支出、预付出包工程的价款、已经建筑安装完毕但尚未交付使用的工程等的可收回金额。本项目应根据"在建工程"科目的期末金额，减去"在建工程减值准备"科目期末余额后的金额填列。

火凤凰公司记账凭证如表5-2所示。

表5-2　　　　　　　　　　　　火凤凰公司记账凭证举例

摘　要	总账科目	明细科目	借方金额	贷方金额
5-7天津北达电缆入库	银行存款			110 229
	工程物资		110 229	
5-8购入鞍山新泰科DCS控制系统	工程物资		64 102	
	应付账款			64 102
5-9耙式真空干燥机减速机安装	在建工程		73 846	
	工程物资			73 846
5-10工具耗材—批出库	在建工程		33 841	
	工程物资			33 841
合　计				

主管：　　　　　　　　复核：　　　　　　　　制单：

二、自行建造的固定资产的核算

企业自行建造的固定资产，可以有自营建造和出包建造两种方式，应当针对不同的建造方式进行账务处理。

1. 自营工程

企业采用自营方式进行的固定资产工程，应在"在建工程"科目下按不同的工程项目设置明细科目。工程实际发生的各项支出记入其借方；工程完工，结转工程的实际成本从其贷方转入"固定资产"科目；期末借方余额反映尚未完工工程的实际支出，以及尚未领用工程物资的实际成本。企业购入为工程准备的物资等，按购入物资的实际成本，借记"工程物资"科目，贷记"银行存款"等科目。企业自营工程领用的工程物资等，按领用物资的实际成本，借记"在建工程——××工程"科目，贷记"工程物资"等科目。自营工程发生的其他费用（如支付职工工资等），按实际发生额，借记"在建工程——××工程"科目，贷记"银行存款"等科目；自营工程完工并交付使用时，按实际发生的全部支出，借记"固定资产"科目，贷记"在建工程——××工程"科目。

例 5 - 3：火凤凰公司拟自营建造办公楼。购入工程用材料一批，买价 125 000 元，增值税进项税额 21 250 元，运费 3 750 元。已用银行存款支付。

借：工程物资　　　　　　　　　　　　　　150 000

　　贷：银行存款　　　　　　　　　　　　　　150 000

兴海公司自行建造办公楼耗用专用材料 150 000 元，发生人工费 35 000 元；用银行存款支付施工机械费 5 000 元。

借：在建工程——建筑工程　　　　　　　　190 000

　　贷：工程物资——专用材料　　　　　　　　150 000

　　　　应付职工薪酬　　　　　　　　　　　　35 000

　　　　银行存款　　　　　　　　　　　　　　5 000

2. 出包工程

企业采用出包方式进行的自制、自建固定资产工程，其工程的具体支出在承包单位核算。在这种方式下，"在建工程"科目实际成为企业与承包单位的结算科目，企业将与承包单位结算的工程价款作为工程成本，通过"在建工程"科目核算。企业在按规定预付承包单位工程价款时，借记"在建工程——××工程"科目，贷记"银行存款"等科目；工程完工收到承包单位账单，补付或补记工程价款时，借记"在建工程——××工程"科目，贷记"银行存款"等科目；工程完工并交付使用时，按实际发生的全部支出，借记"固定资产"科目，贷记"在建工程——××工程"科目。

例 5 - 4：火凤凰公司以出包方式建造一座仓库，预付工程款 300 000 元；工程完工结算，需补付价款 20 000 元。有关账务处理如下：

预付工程款时，编制如下会计分录：

借：在建工程——仓库　　　　　　　　　　300 000

　　贷：银行存款　　　　　　　　　　　　　　300 000

补付工程价款时，编制如下会计分录：

借：在建工程——仓库　　　　　　　　　　20 000

　　贷：银行存款　　　　　　　　　　　　　　20 000

工程竣工，结转成本时，编制如下会计分录：

借：固定资产——仓库　　　　　　　　　　320 000

　　贷：在建工程——仓库　　　　　　　　　　320 000

三、投资固定资产的核算

企业接受其他单位投资转入的机器设备等固定资产，一方面反映本企业固定资产的增加，另一方面要反映投资人投资额的增加。股东投入的固定资产，按评估确认的固定资产原价，借记"固定资产"科目，按评估确认的净值，贷记"实收资本"或"股本"等科目，按其差额，贷记"累计折旧"科目。

例5-5：火凤凰公司收到石家庄宇宣环保公司投资的脱硫塔设备。

借：固定资产　　　　　　　　　　　11 517 527

　　贷：实收资本　　　　　　　　　　　　11 517 527

第三节　固定资产折旧的计提及核算

固定资产的折旧是指固定资产在使用过程中逐渐损耗而消失的那部分价值。固定资产损耗的这部分价值，应当在固定资产的有效使用期内进行分摊，形成折旧费用，计入各期成本，并在产品销售收入中得到补偿。由此可见，正确地计算和计提折旧，不仅是正确计算产品成本的一个前提条件，也是保证固定资产再生产正常进行的重要措施。

折旧仅仅是成本分析，不是对资产进行计价，其本身既不是资金来源，也不是资金运用，因此，固定资产折旧并不承担固定资产的更新。但是，由于折旧方法会影响企业的所得税，从而也会对现金流量产生一定影响。

一、计提固定资产折旧的范围

可折旧固定资产并不是所有固定资产都计提折旧，可折旧固定资产应具备的条件是：使用年限有限而且可以合理估计，也就是说固定资产在使用过程中会被逐渐损耗直到没有使用价值。

（一）应当计提折旧的固定资产

企业在用的固定资产（包括经营用固定资产、非经营用固定资产、租出固定资产等）一般均应计提折旧，具体范围包括：房屋和建筑物；在用的机器设备、仪器仪表和运输工具；季节性停用、大修理停用的设备；融资租入固定资产和以经营租赁方式租出的固定资产。

（二）不提折旧的固定资产

不提折旧的固定资产包括：未使用或不需用的机器设备；以经营租赁方式租入的固定资产；在建工程项目交付使用以前的固定资产；已提足折旧仍继续使用的固定资产；未提足折旧而提前报废的固定资产；国家规定不提折旧的其他固定资产，如土地等。

（三）特殊情况

（1）已达到预定可使用状态的固定资产，如果尚未办理竣工决算，应当按照估计价值暂估入账，并计提折旧。待办理了竣工决算手续后，再按照实际成本调整原来的暂估价值，不需要调整原已计提的折旧额。当期计提的折旧作为当期的成本、费用处理。

（2）处于更新改造过程停止使用的固定资产，应将其账面价值转入在建工程，不再计提折旧。更新改造项目达到预定可使用状态转为固定资产后，再按照重新确定的折旧方法和该项固定资产尚可使用寿命计提折旧。

（3）因进行大修理而停用的固定资产，应当照提折旧，计提的折旧额应计入相关资产成本或当期损益。

二、影响固定资产折旧的主要因素

企业计算各期折旧额，需考虑的影响折旧的因素主要有三个方面：

（1）折旧的基数。计算固定资产折旧的基数，一般为取得固定资产的原始成本，即固定资产的账面原价。

（2）固定资产净残值。固定资产的净残值是指预计的固定资产报废时可以收回的残余价值扣除预计清理费用后的数额。由于在计算固定资产的折旧时，只能人为地估计固定资产的残余价值和清理费用，因而，为了避免人为主观性地调整净残值的数额，从而调整折旧额。所得税暂行条例及其实施细则规定：固定资产的净残值比例应在其原价的 5% 以内，由企业自行确定；由于情况特殊，需要调整净残值比例的，应报主管财税机关备案。

（3）固定资产的使用年限。固定资产使用年限的长短，直接影响各期应计提的折旧额。在确定固定资产的使用年限时，不仅要考虑固定资产的有形损耗，还要考虑固定资产的无形损耗。所谓有形损耗就是指固定资产由于使用和自然力的影响而引起的使用价值和价值的损失；无形损耗则是指由于科学技术进步等而引起的固定资产价值的损失。固定资产的有形损耗，如机械磨损和自然条件的侵蚀等，是显而易见的；但是，随着科学技术的日新月异，固定资产的无形损耗有时比有形损耗更为严重，对计算折旧的影响更大。

由于固定资产的有形损耗和无形损耗很难估计准确，因此，固定资产的使用年限也只能预计，同样具有主观随意性。企业应根据国家的有关规定，结合本企业的具体情况，合理地确定固定资产的折旧年限。

三、计算固定资产折旧的方法

会计上计算折旧的方法很多，有平均年限法、工作量法、双倍余额递减法、年数总和法、偿债基金法和年金法等。其中，平均年限法、工作量法合称直线法；双倍余额递减法、年数总和法合称加速折旧法。由于固定资产折旧方法的选用直接影响到企业成本和费用的计算，也影响到企业的利润和纳税，从而影响到国家的财政收入。因此，我国规定，企业固定资产折旧的方法一般采用平均年限法和工作量法。在国民经济中具有重要地位且技术进步快的电子生产企业、船舶工业和船舶运输企业、飞机制造企业、汽车制造企业和汽车运输企业、化工生产企业和医药生产企业以及经财政部批准的其他企业，其机器设备可以采用双倍余额递减法或者年数总和法。企业按照上述规定，有权选择具体的折旧方法，并且在开始实行年度前报主管财政机关备案。

直线法与加速折旧法的比较如下。

采用直线法计提折旧，固定资产的转移价值平均摊配于其使用的各个会计期间或完成的工作量，优点是使用方便，易于理解。但是，这种方法没有考虑固定资产使用过程中相关支出摊配于各个会计期间或完成的工作量的均衡性。因为随着固定资产使用时间的推移，其磨损程度也会逐渐增加，使用后期的维修费支出将会高于使用前期的维修费支出，即使各个会计期间或单位工作量负担的折旧费相同，但各个会计期间或单位工作量负担的固定资产使用成本（折旧费与维修费之和）将会不同。

采用加速折旧法计提折旧，克服了直线法的不足。因为这种方法前期计提的折旧费较多而维修费较少，后期计提的折旧费较少而维修费较多，从而保持了各个会计期间负担的固定资产使用成本的均衡性。此外，由于这种方法前期计提的折旧费较多，能够使固定资产投资在前期较多地收回，在税法允许将各种方法计提的折旧费作为税前费用扣除的前提下，还能够减少前期的所得税额，符合谨慎原则。但是，在固定资产各期工作量不均衡的情况下，这种方法可能导致单位工作量负担的固定资产使用成本不够均衡。此外，由于这种方法不适宜采用分类折旧方式，在固定资产数量较多的情况下，计提折旧的工作量较大。

1. 平均年限法

平均年限法是指按固定资产使用年限平均计算折旧的一种方法。按照这种方法计算提取的折旧额，在各个使用年份或月份都是相等的，折旧的积累额呈直线上升趋势。计算公式如下。

固定资产年折旧额＝[固定资产原价－（预计残值收入－预计清理费用）] ÷

固定资产预计使用年限

固定资产月折旧额＝固定资产年折旧额/12

在实际工作中，为了反映固定资产在一定时间内的损耗程度和便于计算折旧，企业每月应计提的折旧额一般是根据固定资产的原价乘以月折旧率计算确定的。固定资产折旧率是指一定时期内固定资产折旧额与固定资产原价之比。其计算公式表述如下：

固定资产年折旧率＝[（固定资产原价－预计净残值）÷

固定资产原价] ÷固定资产预计使用年限

＝（1－预计净残值率）÷固定资产预计使用年限

固定资产月折旧率＝固定资产年折旧率÷12

固定资产月折旧额＝固定资产原价×固定资产月折旧率

例 5-6：火凤凰公司应用的是年限平均法提折旧，一台蒸馏机采用年限平均法计提折旧。其原始价值 100 000 元，预计残值 5 000 元，清理费用 1 000 元，预计使用寿命为 5 年。

预计净残值率：[（5 000－1 000）÷100 000] ×100％＝4％

年折旧率：（1－4％）÷5＝19.2％

月折旧率：19.2％÷12＝1.6％

月折旧额：100 000×1.6％＝1 600（元）

采用这种方法计算的每期折旧额均相等。它假定折旧是由于时间的推移而不是使用的关系，认为服务潜力降低的决定因素是随时间推移所造成的陈旧和破坏，而不是使用所造成的有形磨损。因而假定资产的服务潜力在各个会计期间所使用的服务总成本是相同的，而不管其实际使用程度如何。即指按固定资产的使用年限平均计提折旧的一种方法。它是最简单、最普遍的折旧方法。平均年限法适用于各个时期使用情况大致相同的固定资产折旧。

2. 工作量法

工作量法是根据实际工作量计提折旧额的一种方法。适用于那些在使用期间负担程度差异很大，提供的经济效益很不均衡的固定资产，比如汽车、机器设备，工作量法也是直线法的一种，只不过是按照固定资产所完成的工作量来计算每期的折旧额。

其基本计算公式为：

每一工作量折旧额＝[固定资产原价×（1－净残值率）] ÷预计总工作量

某项固定资产月折旧额＝该项固定资产当月的工作量×每一工作量折旧额

例 5-7：公司一台螺旋减速机设备按工作时数计提折旧。其原始价值 150 000 元，预计残值 6 000 元，清理费用 1 500 元，预计可工作 10 000 个小时。该设备投入使用后，各年的实际工作时数假定为：第 1 年 3 000 小时，第 2 年 2 600 小时，第 3 年 2 400 小时，第 4 年 2 000 小时。假定第 1 年的 1 月使用 220 小时；2 月使用 270 小时；3 月使用 340 小时。4—12 月各月使用均为 240 小时。

预计净残值率：

[（6000－1500）÷150 000]×100％＝3％

单位工作量折旧额：

[150 000×（1－3％）]÷10 000＝14.55（元）

第 1 年各月折旧额：

1 月：14.55×220＝3 201（元）

2 月：14.55×270＝3 928.50（元）

3 月：14.55×340＝4 947（元）

4—12 月各月：14.55×240＝3 492（元）

根据规定，企业专业车队的客、货运汽车，大型设备以及大型建筑施工机械可采用工作量法计提折旧。由于各种专业设备具有不同的工作量指标，因而，工作量法又有行驶里程折旧法和工作小时折旧法之分。工作量法假定折旧是一项变动的而不是固定的费用，即假定资产价值的降低不是由于时间的推移，而是由于使用的缘故。对于许多种资产来讲，工作量法这一假定是合理的，特别是在有形磨损比经济折旧更为重要。因而，如果某项资产在年度内没有使用，就不应计列折旧费用，因为资产的服务价值并没有降低。即使折旧是确定资产预期使用年限的一个重要因素，如其折旧是可以预见的，并且，资产的大概使用状况是可以估计的，就可以使用以经营活动为依据的折旧方法，使用这种折旧方法的主要目的是按每个服务单位分配投入价值，对服务价值降低的计量则是次要的。

优点：按照实际使用过程磨损程度计算，能正确反映运输工具、精密设备等使用程度，而且把折旧费用与业务成果联系起来。

缺点：①即使每年的折旧费用是变动的，工作量法仍然类似于直线法。因为它假定每一服务单位分配等量的折旧费，但是，假定每一服务单位的成本相等是没有根据的。而且，由于在后期有些服务单位尚有待于日后使用，整个服务价值的降低事实上并不是均匀的，除非假定利率为零；②工作量法未能考虑到修理和维修费用的递增，以及操作效率或收入的递减等因素。

3. 双倍余额递减法

双倍余额递减法是按双倍直线折旧率来计算固定资产折旧的方法。它是在不考虑固定资产净残值的情况下，根据每期期初固定资产账面余额和双倍的直线法折旧率来计算固定资产折旧的一种方法。其计算公式如下。

$$年折旧率＝（2÷预计使用年限）×100\%$$
$$月折旧率＝年折旧率÷12$$
$$月折旧额＝固定资产账面净值×月折旧率$$

双倍余额递减法是在固定资产使用年限最后两年的前面各年，用年限平均法折旧率的两倍作为固定的折旧率乘以逐年递减的固定资产期初净值，得出各年应提折旧额的方法；在固定资产使用年限的最后两年改用年限平均法，将倒数第 2 年年初的固定资产账面净值扣除预计净残值后的余额在这两年平均分摊。与加速折旧法类同，可在第一年折减较大金额。双倍余额递减法是加速折旧法的一种，是假设固定资产的服务潜力在前期消耗较大，在后期消耗较少，为此，在使用前期多提折旧，后期少提折旧，从而相对加速折旧。

由于双倍余额递减法不考虑固定资产的残值收入，因此在使用这种方法时，必须注意：不能使固定资产的账面折余价值降低到它的预计残值收入以下。按照现行制度的规定，实行双倍余额递减法计提折旧的固定资产，应当在其固定资产折旧年限到期以前两年内，将固定资产净值平均摊销。

例 5－8：火凤凰公司引进一条过滤器生产线，安装完毕后生产线原价为 300 000 元，预计净残值为 8 000 元，预计使用年限 5 年。该生产线按双倍余额递减法计算的各年折旧额如下：

双倍直线折旧率＝（2÷5）×100％＝40％

第一年应提折旧＝300 000×40％＝120 000 元

第二年应提折旧＝（300 000－120 000）×40％＝72 000 元

第三年应提折旧＝（300 000－120 000－72 000）×40％＝43 200 元

第四年固定资产账面价值＝300 000－120 000－72 000－43 200＝64 800 元

第四、五年应提折旧＝（64 800－8 000）÷2＝28 400 元

每年各月折旧额根据年折旧额除以 12 来计算。

例如，针对第一年的折旧：

借：生产成本　　　　　　　　　　　　　　120 000

　　贷：固定资产折旧　　　　　　　　　　　　　120 000

第二年到第五年计提折旧采用同样的会计分录。

注意：在使用双倍余额递减法时要注意在最后两年计提折旧并不是绝对的，要考虑固定资产的残值收入。在固定资产的使用后期，如果发现采用双倍余额递减法计算的折旧额小于采用直线法计算的折旧额时，就应改用直线法计提折旧。

4. 年数总和法

年数总和法又称合计年限法，是将固定资产的原价减去净残值后的净额乘以一个逐年递减的分数来计算每年的折旧额。这个分数的分子代表固定资产尚可使用的年数，

分母代表使用年数的逐年数字总和。计算公式如下：

$$年折旧率＝尚可使用年数/预计使用年限的年数总和$$

或者：　　　　　年折旧率＝（预计使用年限－已使用年限）÷

$$［预计使用年限×（预计使用年限＋1）÷2］$$

$$月折旧率＝年折旧率÷12$$

$$月折旧额＝（固定资产原价－预计净残值）×月折旧率$$

例5-9： 火凤凰公司的一台搅拌机设备按年数总和法计算折旧。该设备原始价值240 000元，预计净残值为9 600元，预计使用5年。

折旧基数：240 000－9 600＝230 400

使用年限5年。第1年为1；第2年为2，第3年为3，依此类推。将其相加：1＋2＋3＋4＋5＝15（年数总和）

使用年限5年。第1年为5；第2年为4，依此类推。

第1年折旧率：5÷15 ＝5/15

第2年折旧率：4÷15 ＝4/15

第3、4、5年折旧率：3/15、2/15、1/15

第一年折旧额＝230 400×5/15＝76 800

第二年折旧额＝230 400×4/15＝61 440

第三年折旧额＝230 400×3/15＝46 080

第四年折旧额＝230 400×2/15＝30 720

第五年折旧额＝230 400×1/15＝15 360

例如，针对第一年的折旧：

借：生产成本　　　　　　　　　　　　　　76 800

　贷：固定资产折旧　　　　　　　　　　　　　76 800

第二年到第五年计提折旧采用同样的会计分录。

四、固定资产折旧的账务处理

累计折旧是固定资产的备抵账户，用于记录固定资产使用过程中的磨损状况。

累计折旧	资产类
（1）处置减少固定资产，同时转销的已提折旧额	（1）按期（月）计提的折旧额
	余额：企业现有的固定资产累计折旧额

明细：可按固定资产类别和项目进行明细核算。

固定资产折旧对应的会计分录：

借：制造费用（生产车间的固定资产折旧）

　　管理费用（行政管理部门的固定资产折旧）

　　销售费用（专设销售机构的固定资产折旧）

　　其他业务支出（经营租出的固定资产折旧）

　贷：累计折旧

固定资产应当按月计提折旧，并根据用途计入相关资产的成本或者当期损益。基本生产车间使用的固定资产，所计提的折旧应计入制造费用，并最终计入所生产的产品成本；管理部门所使用的固定资产，所计提的折旧应计入管理费用；销售部门所使用的固定资产，所计提的折旧应计入销售费用；企业自行建造固定资产过程中所使用的固定资产，所计提的折旧应计入其他业务成本；未使用的固定资产，所计提的折旧应计入管理费用。

固定资产折旧方法应用应注意的问题：应遵循会计信息质量的可比性（其中的一贯性）要求。采用不同折旧方法计算的各期折旧额是有差别的，它决定了各期固定资产损耗计入费用数额的多少，进而会影响企业当期利润（经营成果）的多寡；也会影响期末固定资产净额（财务状况）的确认。应对固定资产的使用寿命、预计净残和计提折旧方法进行复核，并根据变化的情况进行调整或变更。

例5-10：火凤凰公司本月计提搅拌机折旧12 500元。其中企业生产车间使用的固定资产提取折旧10 000元；企业管理部门使用的固定资产提取折旧2 500元。

借：制造费用　　　　　　　　　　　　　　10 000

　　管理费用　　　　　　　　　　　　　　2 500

　贷：累计折旧　　　　　　　　　　　　　12 500

例5-11：火凤凰公司用搅拌机设备一台向天意公司投资，其原始价值为200 000元，累计折旧为30 000元。经评估确认的现值为170 000元。

借：长期股权投资　　　　　　　　　　　　170 000

　　累计折旧　　　　　　　　　　　　　　30 000

　贷：固定资产　　　　　　　　　　　　　200 000

第四节　固定资产的处置

例5-12：大学生自行车大一购买时300元，大三时进行出售。

1. 转入清理

借：固定资产清理　　　　　　　　　　　　150

        累计折旧   150
      贷：固定资产   300
    2. 支付清理费用
    借：固定资产清理   20
      贷：现金/原材料   20
    3. 出售
    借：银行存款   180
      贷：固定资产清理   170
        营业外收入   10
    借：银行存款   160
        营业外支出   10
      贷：固定资产清理   170

    固定资产的清理主要是指固定资产的报废和出售，以及由于各种不可抗拒的自然灾害而使固定资产遭到的毁坏和损失。企业因出售、报废、毁损等原因减少的固定资产，要通过"固定资产清理"科目核算。"固定资产清理"科目是计价对比科目，它核算企业因出售、报废和毁损等原因转入清理的固定资产净值，以及在清理过程中所发生的清理费用和清理收入。其借方反映转入清理的固定资产的净值、发生的清理费用、出售固定资产应缴纳的营业税，贷方反映清理固定资产的变价收入和应由保险公司或过失人承担的损失等。进行固定资产清理，要按规定程序办理报废、转让手续，如实反映和严格监督固定资产的清理过程，做好固定资产的清理核算工作。固定资产清理的会计核算分以下几个步骤进行。

    1. 出售固定资产账面价值的结转
    企业的固定资产出售时，首先应计算其账面价值。固定资产账面价值应根据固定资产原值减去累计折旧和固定资产减值准备计算。由于累计折旧可以不进行明细核算，因而固定资产明细账中不可能提供累计折旧及账面价值资料。为此，计算固定资产账面价值，主要是计算其累计折旧。企业如果采用个别折旧方式，固定资产累计折旧应根据采用的不同折旧方法和已折旧年限计算。

    企业出售固定资产后，其原值和累计折旧应予以注销（如已计提固定资产减值准备，则计提的减值准备也应一并注销），账面价值转入"固定资产清理"科目。结转出售固定资产账面价值、累计折旧和固定资产减值准备时，应按其账面价值借记"固定资产清理"科目，按累计折旧借记"累计折旧"科目，按已提固定资产减值准备，借记"固定资产减值准备"科目，按原值贷记"固定资产"科目。

    2. 出售固定资产的清理费用
    企业出售的固定资产，有些不发生清理费用，有些则需要拆除，会发生清理费用。

在固定资产清理过程中，应按实际发生的清理费用，借记"固定资产清理"科目，贷记"银行存款"等科目。

3. 出售固定资产的收入

企业出售固定资产实际收取的价款，应借记"银行存款"等科目，贷记"固定资产清理"科目。

4. 结转出售不动产等应缴纳的税费

企业出售不动产后，应按收入的一定比例计算缴纳营业税、城市维护建设税和教育费附加等，借记"固定资产清理"科目，贷记"应交税费"科目。

5. 结转出售固定资产的净损益

企业出售固定资产的收入大于固定资产净值、清理费用与应交税费之和的差额，为清理净收益，借记"固定资产清理"科目，贷记"营业外收入"科目；出售固定资产的收入小于固定资产账面价值、清理费用与应交税费之和的差额，为清理净损失，借记"营业外支出"科目，贷记"固定资产清理"科目。经过上述结转后，"固定资产清理"科目没有余额。火凤凰公司记账凭证如表5-3所示。

表5-3　　　　　　　　　　　火凤凰公司记账凭证举例

摘　要	总账科目	明细科目	借方金额	贷方金额
5-11收到上海冀中鑫宝融资公司购买固定资产款	固定资产清理			14 048 396
	银行存款		14 048 396	
5-12清理固定资产	固定资产			100 000
	固定资产清理		75 000	
	累计折旧		25 000	
合　计				

主管：　　　　　　　复核：　　　　　　　制单：

例5-13：火凤凰公司将一台不需用的涡轮机设备出售，该设备原价为100 000元，已提折旧40 000元，实际售价80 000元，已通过银行收回价款。账务处理如下：

（1）将出售的固定资产转入清理时，编制如下会计分录：

借：固定资产清理　　　　　　　　　　　　　60 000

　　累计折旧　　　　　　　　　　　　　　　40 000

　　贷：固定资产　　　　　　　　　　　　　100 000

（2）收回出售固定资产价款时，编制如下会计分录：

借：银行存款　　　　　　　　　　　　　　　80 000

  贷：固定资产清理   80 000

（3）计算出售该固定资产应缴纳的营业税为：

$$80\ 000 \times 5\% = 4\ 000\ 元$$

（4）公司应编制如下会计分录：

借：固定资产清理   4 000

  贷：应交税金——应交营业税   4 000

（5）结转出售固定资产发生的净收益时，编制如下会计分录：

借：固定资产清理   16 000

  贷：营业外收入——处理固定资产净收益   16 000

本章涉及的 T 型账户汇总如下：

固定资产				库存现金		
	11 440	100 000				11 440
	27 000					
	23 603 118					
	31 931 623					
	73 846					
	250 000					
合计	55 797 027	合计		合计	合计	11 440

银行存款				应付账款		
	14 048 396	31 590				2 761 547
		110 229				64 102
合计	13 906 557	合计		合计	合计	2 825 649

长期应付款				在建工程		
		31 931 623			73 846	73 846
					33 841	
合计	合计	31 931 623		合计	33 841	合计

实收资本		工程物资	
	250 000	110 229	73 846
		64 102	33 841
合计	合计 250 000	合计 66 644	合计

固定资产清理		累计折旧	
75 000	14 048 396	25 000	
合计	合计 13 973 396	合计 25 000	合计

 **本章任务**

1. 学习固定资产的相关管理条例。

2. 研究固定资产折旧方法的选取及对所得税的影响。

3. 火凤凰公司自建厂房一幢，购入为工程准备的各种物资 600 000 元，支付的增值税额为 102 000 元，全部用于工程建设。领用本企业生产的水泥一批，实际成本为 70 000 元，税务部门确定的计税价格为 100 000 元，增值税税率 17%；工程人员应计工资 200 000 元，支付的其他费用 40 000 元。工程完工并达到预定可使用状态。做出相关的会计处理。

4. 2016 年 3 月 12 日，火凤凰公司购入一台不需要安装就可以投入使用的设备，取得的增值税专用发票上注明的设备价款为 800 000 元，增值税税额为 136 000 元，发生的保险费为 5 000 元，以银行存款转账支付。假定不考虑相关税费。

要求：做取得固定资产的会计处理。

5. 2016 年 2 月 13 日，火凤凰公司购入一台需要安装的机器设备，取得的增值税专用发票上注明的设备价款为 260 000 元，增值税税额为 44 200 元，支付的装卸费为 3 000 元，款项已通过银行转账支付；设备安装时，领用原材料一批，其账面成本为 24 200 元，未计提存货跌价准备，购进该批原材料时支付的增值税进项税额为 4 114 元；应支付安装工人薪酬 4 800 元。假定不考虑其他相关税费。

要求：做取得固定资产的会计处理。

6. 2016年1月1日，火凤凰公司购入一台不需要安装的机器，按合同规定，火凤凰公司在未来4年内，于每年年末支付5 000元，共需付款20 000元。假定当时的市场利率为6%，该机器的现值为17 325元。

要求：做取得固定资产的会计处理。

7. 接受燕化厂投资设备一套，投出单位账面价值120 000元，已提折旧40 000元，经双方协商作价100 000元。

要求：做固定资产增加的会计处理。

8. 火凤凰公司在2006年年末购入一台设备，原价为12万元，估计使用年限为10年，预计净残值为10 000元。

要求：用年限平均法计算该固定资产的年折旧率、月折旧率和折旧额。

9. 资料：火凤凰公司的1台精密机床，原价为40 000元，预计净残值率为6%，预计能完成的总工作量为9 400小时；5月该机床实际工作220小时。

要求：采用工作量法计算该企业精密机床5月应提折旧额。

10. 火凤凰公司的一台机器设备原价120万元，预计使用寿命为5年，预计净残值率为4%。假设甲公司没有对该设备计提价值准备。要求：用双倍余额递减法计算每年的折旧额和月折旧额。

11. 火凤凰公司干燥机的原价为40 000元，预计净残值率为4%，预计使用年限为8年。

要求：采用年数总和法计算该项固定资产各年应提折旧额（元以下四舍五入）。

第六章 短期借款及其他流动资产

第一节 短期借款

一、短期借款的定义

短期借款是借款的一种，与之相对的是长期借款。就会计实务而言，短期借款是指企业为维持正常的生产经营所需的资金或为抵偿某项债务而向银行或其他金融机构等外单位借入的、还款期限在一年以下（含一年）的各种借款。短期借款主要有经营周转借款、临时借款、结算借款、票据贴现借款、卖方信贷、预购定金借款和专项储备借款等。

短期借款的核算主要包括三个方面的内容：第一，取得借款的核算（企业从银行或其他金融机构借入款项时，应签订借款合同，注明借款金额、借款利率和还款时间等）；第二，借款利息的核算；第三，归还借款的核算。短期借款一般期限不长，通常在取得借款日，按取得的金额入账。短期借款利息支出是企业理账活动中为筹集资金而发生的耗费，应作为一项财务费用计入当期损益。由于利息支付的方式不同，其会计核算也不完全一样。若短期借款的利息按月计收，或还本付息一次进行，但利息数额不大时，利息费用可直接计入当期损益；若短期借款的利息按季（或半年）计收，或还本付息一次进行，但利息数额较大时，则可采用预提的方式按月预提、确认和费用。

二、短期借款的会计处理

（一）企业借入的各种短期借款

例 6 - 1： 火凤凰公司因生产经营的临时性需要，于 2××5 年 4 月 15 日向银行申请取得期限为 6 个月的借款 1 000 000 元，存入银行。

借：银行存款   1 000 000

    贷：短期借款   1 000 000

（二）资产负债表日，应按计算确定的短期借款利息费用

确认方法：按月确认为借款使用期间的财务费用按月度支付：记入本月的"财务费用"和"银行存款"账户。

按季度或半年支付：按权责发生制原则要求，采用预提方式确认，记入各月的"财务费用"和"应付利息"账户。

利息计算公式：借款利息＝借款本金×利率×时间

公式中的利率一般是指年利率，为计算企业在各月、每日应支付的利息应换算为月利率、日利率。

$$月利率＝年利率÷12$$
$$日利率＝月利率÷30$$

例 6-2：假如上例取得的借款年利率为 6%，利息按季度结算，经计算其 4 月应负担的利息为 2 500 元。

借：财务费用　　　　　　　　　　　　　　2 500

　贷：应付利息　　　　　　　　　　　　　　2 500

例 6-3：火凤凰公司在 6 月末用银行存款 12 500 元支付本季度的银行借款利息。

借：应付利息　　　　　　　　　　　　　　12 500

　贷：银行存款　　　　　　　　　　　　　　12 500

（三）归还借款

火凤凰公司记账凭证如下表所示。

例 6-4：京连公司在 10 月 16 日用银行存款 1 000 000 元偿还到期的银行临时借款本金（假如利息另外处理）。

借：短期借款　　　　　　　　　　　　　1 000 000

　贷：银行存款　　　　　　　　　　　　　1 000 000

短期借款

期初短期借款余额 （1）借入短期借款	（2）偿还短期借款
期末余额：期末未偿还借款	

火凤凰公司记账凭证举例

摘　　要	总账科目	明细科目	借方金额	贷方金额
6-1 借入任县农村信用联社借款	短期借款			10 000 000

续　表

摘　要	总账科目	明细科目	借方金额	贷方金额
	银行存款		10 000 000	
6-2借入赵军方款	短期借款			224 102
	银行存款		224 102	
6-3还赵军方借款	银行存款			224 102
	短期借款		224 102	
合计				

主管：　　　　　　复核：　　　　　制单：

应付利息

实际支付	预先提取计入损益
	期末余额：已预提未支付的利息费用

财务费用

发生的费用：利息支出，手续费，汇兑损失	利息收入、汇兑收益、期末转入本年利润的财务费用额

应付利息和财务费用的区别：

应付利息：负债类核算企业按照合同约定应该支付的利息，包括吸收存款、分期付息到期还本的长期借款、企业债券等应支付的利息。

财务费用：损益类，核算企业为筹集生产经营所需资金等而发生的筹资费用，包括利息支出（减利息收入）、汇兑损益、手续费、现金折扣等。

（四）注意事项

借款费用的费用化——作为期间费用

企业举借债务发生的借款费用属于筹资过程中发生的筹资费用，与借入资金的运用无关，因而应将其计入当期损益，不应计入购置资产的成本。如果将借款费用资本化，会使同类资产的取得成本仅仅由于筹资方式不同而产生差异；用借入资金购置资产的成本要高于用自有资金购置资产的成本。

借款费用的资本化——作为资本成本

· 123 ·

非流动负债往往是为了取得某项长期资产而借入的，其借款费用与所取得的资产有紧密的联系，它与构成资产成本的其他要素并无本质区别，因而应将借款费用计入所取得的资产成本。如果将借款费用费用化，会导致还款前的各个会计期间，由于巨额的借款费用而导致盈利偏少乃至亏损，而借款所购置的资产往往在还款之后的相当长时期内仍发挥作用。因此，费用化不利于正确反映各期损益。

第二节 其他流动性资产

一、贴现贷款

银行以持票人持有未到期票据为对象所发放的贷款。所以，票据是一种交易行为，贴现对执票人来说是出让票据，提前收回垫支于商业信用的资金；对于银行来说，是买进票据所载权利，票据到期，银行可以取得票据所载的金额。

票据贴现可以分为三种，分别是贴现、转贴现和再贴现。

贴现是指客户（持票人）将没有到期的票据出卖给贴现银行，以便提前取得现款。一般工商企业向银行办理的票据贴现就属于这一种；

转贴现是指银行以贴现购得的没有到期的票据向其他商业银行所作的票据转让，转贴现一般是商业银行间相互拆借资金的一种方式；

再贴现是指贴现银行持未到期的已贴现汇票向中央银行的贴现，通过转让汇票取得中央银行再贷款的行为。再贴现是中央银行的一种信用业务，是中央银行为执行货币政策而运用的一种货币政策工具。

例 6-5：假设火凤凰公司 10 月 16 日将于 12 月 9 日到期的面值为 64 350 元的不带息票据向银行办理贴现，银行年贴现率为 10%，请计算贴现金额。

票据的贴现天数＝12 月 9 日－10 月 16 日＝16＋30＋8＝54（天）

票据贴现利息＝64 350×10%×54/360＝965.25（元）

票据贴现净值（实际贴现金额）＝64 350－965.25＝63 384.75（元）

借：银行存款   63 384.75

  财务费用   965.25

  贷：应收票据——长海   64 350

二、卖方信贷

（一）定 义

卖方信贷就是在大型机械装备或成套设备贸易中，为便于出口商以延期付款方式出卖设备，出口商所在地的银行对出口商提供的信贷。企业将上述材料提供给银行后，银行正式受理此项目。银行按规定进行贷前调查、贷时审查和项目评审。经过项目审核，批准贷款后，由银行向企业发贷款通知书，并与企业签订借款合同、保证合同，与代理行签订委托代理协议。借款合同生效后即可按合同规定的用款计划向企业发放贷款，并按规定监督企业贷款资金的使用。

买方信贷和卖方信贷是出口信贷的两种形式。卖方信贷是出口方银行向本国出口商提供的商业贷款。出口商（卖方）以此贷款为垫付资金，允许进口商（买方）赊购自己的产品和设备。出口商（卖方）一般将利息等资金成本费用计入出口货价中，将贷款成本转移给进口商（买方）。这种贷款协议由出口厂商与银行之间签订。出口卖方信贷主要有以下贷款品种：项目贷款有中短期额度贷款；海外承包工程贷款，包括BOT（建设—经营—转让）、BOO（建设—拥有—经营）；境外建厂设点贷款，主要是CKD（全散件组装）、SKD（半散件）散件装配厂；境外设备投资贷款。

卖方信贷通常用于机器设备、船舶等出口。由于这些商品出口所需的资金较大时间较长，进口厂商一般都要求采用延期付款的方式。出口厂商为了加速资金周转，往往需要取得银行的贷款。出口厂商付给银行的利息、费用有的包括在货价内，有的在货价外另加，转嫁给进口厂商负担。因此，卖方信贷是银行直接资助本国出口厂商向外国进口厂商提供延期付款，以促进商品出口的一种方式。

（二）办理程序

首先，贷款申请人需提交如下文件资料：正式的书面申请书，说明申请贷款项目出口情况、申请贷款的用途和还款计划；填交"出口卖方信贷申请表"出口卖方信贷项目贷款申请表；有关部门对出口项目的批准文件（不需要的除外）。

出口项目的商务合同副本（正本批贷后退还企业），需要进口原材料或设备的项目应提供进口合同的有关批件或进口许可证；出口项目的可行性研究报告或经济分析报告；借款企业与国内供货单位签订的供货合同，自营出口生产企业需提供其出口货物的国内生产计划和设备清单；借款人需提供国外银行的付款保函或信用证或其他付款保证；

借款人公司简介、营业执照、出口经营权批文、近三年和近期的财务报表；担保人简介、担保意向书、营业执照、近三年和近期财务报表、借款人或担保人的财产抵押证明文件；银行认为有必要的其他材料。

三、预购定金借款

（一）定　义

商业企业为收购农副产品发放预购定金而向银行借入的款项。这种借款按国家规定的品种和批准的计划标发放，实行专户管理，借款期限最多不超过1年。

（二）账务处理

按批准预购定金借款指标，借入预购定金借款时，借记"银行存款"账户，贷记"短期借款——预购定金借款"账户，按预购合同，发放预购定金时，借记"预付账款——预购定金"账户，贷记"银行存款"账户，收购农副产品，并以货款中扣回预购定金时，借记"库存商品——农副产品"账户，贷记"预付账款——预购定金"和"银行存款"账户，归还预购定金借款时，借记"短期借款——预购定金借款"账户，贷记"银行存款"账户。

例 6 - 6： 火凤凰公司下属甲收购站与农副产品生产者签订预购合同，从银行取得预购定金借款 4 000 元，发放预购定金 4 000 元；甲种产品收获后，生产者交售第一批产品，按收购价格计算共计 10 000 元，根据预购合同规定，应扣回预购定金 50%，共计 2 000 元，其余价款由甲收购站支付。将收回的预购定金偿还预购定金借款。会计分录如下。

（1）甲收购站从银行取得农副产品预购定金借款 4 000 元，存入存款户。

借：银行存款　　　　　　　　　　　　　　　4 000
　　贷：短期借款——预购定金　　　　　　　　　　　4 000

（2）甲收购站将预购定金 4 000 元发放给甲产品生产者。

借：预付账款——甲产品定金　　　　　　　　　4 000
　　贷：银行存款　　　　　　　　　　　　　　　　　4 000

（3）甲收购站购进甲产品 10 000 元，扣回预付定金 2 000 元，支付其余价款 8 000 元。

借：库存商品　　　　　　　　　　　　　　　10 000
　　贷：预付账款——甲产品定金　　　　　　　　　　2 000
　　　　银行存款　　　　　　　　　　　　　　　　　8 000

（4）基层供销合作社将收回的预购定金 2 000 元偿还预购定金借款。

借：短期借款——预购定金　　　　　　　　　2 000
　　贷：银行存款　　　　　　　　　　　　　　　　　2 000

四、专项储备借款

商业批发企业国家批准储备商品而向银行借入的款项必须实行专款专用，借款期限根据批准的储备期确定。

专项储备借款，必须是经国家批准的储备商品所需资金，由主管部门申请，并提供批准文件和专项商品储备计划，由中国工商银行总行审批，专款专用，否则，银行不予贷给。借款期限在批准的储备期到期不能归还时，应办理转期手续。

例 6 - 7： 火凤凰公司按照国家规定按原煤实际产量吨煤 15 元从成本中提取。2015 年 5 月 31 日，甲公司"专项储备——安全生产费"科目余额为 30 000 万元。

（1）2015 年 6 月按照原煤实际产量计提安全生产费 1 000 万元。

（2）2015 年 6 月支付安全生产检查费 50 万元，以银行存款支付。

（3）2015 年 6 月购入一批需要安装的用于改造和完善矿井瓦斯抽采等安全防护设备，取得增值税专用发票注明价款为 20 000 万元，增值税为 3 400 万元，立即投入安装，安装中应付安装人员薪酬 30 万元。

（4）2015 年 7 月安装完毕达到预定可使用状态。

根据上述资料作出火凤凰公司相关账务处理。

（1）2015 年 6 月按照原煤实际产量计提安全生产费 1 000 万元。

借：生产成本   1 000

    贷：专项储备——安全生产费   1 000

（2）2015 年 6 月支付安全生产检查费 50 万元，以银行存款支付。

借：专项储备——安全生产费   50

    贷：银行存款   50

（3）2015 年 6 月购入一批需要安装的用于改造和完善矿井瓦斯抽采等安全防护设备，取得增值税专用发票注明价款为 20 000 万元，增值税为 3 400 万元，立即投入安装，安装中应付安装人员薪酬 30 万元。

借：在建工程   20 000

    应交税费——应交增值税（进项税额）   3 400

    贷：银行存款   23 400

借：在建工程   30

    贷：应付职工薪酬   30

（4）2015 年 7 月安装完毕达到预定可使用状态。

借：固定资产   20 030

    贷：在建工程   20 030

借：专项储备——安全生产费   20 030

    贷：累计折旧   20 030

本章涉及的 T 型账户汇总如下：

短期借款		银行存款	
224 102	10 000 000	10 000 000	224 102
	224 102	224 102	
合计	合计 10 000 000	合计 10 000 000	合计

 本章任务

1. 学习相关短期借款的管理条例，树立理财观念。

2. 研究借款协议的注意事项。

3. 火凤凰公司因生产经营的临时性需要，于 2015 年 4 月 15 日向银行申请取得期限为 6 个月的借款 1 000 000 元，存入银行。借款年利率为 6‰，利息按季度结算，经计算其 4 月应负担的利息为 2 500 元。在 6 月末用银行存款 12 500 元支付本季度的银行借款利息。在 10 月 16 日用银行存款 1 000 000 元偿还到期的银行临时借款本金（假如利息另外处理）。

要求：取得借款、计提利息、偿还借款的会计处理。

第七章　应付及预收账款

第一节　应付账款

一、应付账款的定义

应付账款是企业（金融）应支付但尚未支付的手续费和佣金，是会计科目的一种，用以核算企业因购买材料、商品和接受劳务供应等经营活动应支付的款项。通常是指因购买材料、商品或接受劳务供应等而发生的债务，这是买卖双方在购销活动中由于取得物资与支付贷款在时间上不一致而产生的负债。例如，应付赔偿款、应付租金、存入保证金等，不属于应付账款的核算内容。

二、应付账款的主要账务处理

企业购入材料、商品等验收入库，但货款尚未支付，根据有关凭证（发票账单、随货同行发票上记载的实际价款或暂估价值），借记"材料采购""在途物资"等科目，按可抵扣的增值税额，借记"应交税费——应交增值税（进项税额）"等科目，按应付的价款，贷记本科目。注：企业采购物资时，因供货方发货时少付货物而出现的损失，由供货方补足少付的货物时，应借方记"应付账款"，贷方转出"待处理财产损益"中相应金额。

例7-1：火凤凰公司为增值税一般纳税人。2015年3月1日，从腾阳公司购入一批材料，货款100 000元，增值税17 000，对方代垫运杂费1 000元。材料已运到并验收入库，款项尚未支付。该企业的有关会计分录如下：

借：原材料　　　　　　　　　　　　　　　101 000
　　应交税费——应交增值税（进项税额）　17 000
　　贷：应付账款——A公司　　　　　　　　　　118 000

受供应单位提供劳务而发生的应付未付款项，根据供应单位的发票账单，借记"生产成本""管理费用"等科目，贷记本科目。支付时，借记本科目，贷记"银行存款"等科目。

例 7 - 2：根據供電部門通知，火鳳凰公司本月應支付電費 48 000 元。其中生產車間電費 32 000 元，企業行政管理部門電費 16 000 元，款項尚未支付。該企業的有關會計分錄如下：

借：制造費用　　　　　　　　　　　　　32 000
　　管理費用　　　　　　　　　　　　　16 000
　　貸：應付賬款——××電力公司　　　　　　　48 000

采用售後回購方式融資的，在發出商品等資產時，應按實際收到或應收的金額，借記"銀行存款""應收賬款"等科目，按專用發票上註明的增值稅額，貸記"應交稅費——應交增值稅（銷項稅額）"科目，按其差額，貸記本科目。回購價格與原銷售價格之間的差額，應在售後回購期間內按期計提利息費用，借記"財務費用"科目，貸記本科目。購回該項商品等資產時，應按回購商品等資產的價款，借記本科目，按可抵扣的增值稅額，借記"應交稅費——應交增值稅（進項稅額）"科目，按實際支付的金額，貸記"銀行存款"科目。

例 7 - 3：2015 年 1 月 1 日，一般納稅人火鳳凰公司與騰陽公司簽訂協議，向騰陽公司銷售一批焊管，增值稅專用發票上註明銷售價格為 100 萬元，增值稅額為 17 萬元。焊管成本為 80 萬元，商品已發出，款項已收到。協議規定，火鳳凰公司應在 2015 年 5 月 31 日將所售商品購回，回購價為 110 萬元（不含增值稅額）。不考慮其他相關稅費。

分析：由于售後回購交易屬于融資交易，原則上，收到的款項應確認為負債，回購價格大于原售價的差額，企業應在回購期間按期計提利息，計入財務費用。賬務處理如下：

（1）1 月 1 日發出商品時：

借：銀行存款　　　　　　　　　　　　　1 170 000
　　貸：其他應付款　　　　　　　　　　　　1 000 000
　　　　應交稅費——應交增值稅（銷項稅額）　170 000

同時結轉成本：

借：發出商品　　　　　　　　　　　　　800 000
　　貸：庫存商品　　　　　　　　　　　　　800 000

由于回購價大于原售價，因而應在銷售與回購期間內按期計提利息費用，並直接計入當期財務費用。本例中由于回購期間為 5 個月，貨幣時間價值影響不大，采用直線法計提利息費用。

1—5 月，每月應計提的利息費用為 20 000（100 000÷5＝20 000）元。

借：財務費用　　　　　　　　　　　　　20 000
　　貸：其他應付款　　　　　　　　　　　　20 000

（2）5 月 31 日，公司購回商品時，增值稅專用發票上註明商品價款 110 萬元，增值税额 18.7 万元。

借：财务费用   20 000

  贷：其他应付款   20 000

借：库存商品   800 000

  贷：发出商品   800 000

借：其他应付款   1 100 000

    应交税费——应交增值税（进项税额）   187 000

  贷：银行存款   1 287 000

注：对比应收账款与应付账款的核算流程。

应收账款

例 7 - 4： 火凤凰公司向腾阳公司售出焊管 800 吨，每吨售价 1 990 元，总价款 159 2000 元，增值税 270 640 元。规定的现金折扣条件为 2/10、N/20。请根据审核无误的原始凭证编制相关会计分录。

(1) 发出商品，办妥托收手续：

借：应收账款（总价＋销项税额）   1 862 640

  贷：主营业务收入（总价）   1 592 000

    应交税金——应交增值税（销项税额）   270 640

(2) 在折扣期内收到款项：

借：银行存款（净价＋销项税额）   1 490 112

    财务费用（总价－净价）   372 528

  贷：应收账款（总价＋销项税额）   1 862 640

(3) 过了折扣期收到款项：

借：银行存款（总价＋销项税额）   1 862 640

  贷：应收账款（总价＋销项税额）   1 862 640

应付账款

(1) 火凤凰公司购入无缝钢管验收入库，货款尚未支付，增值税专用发票注明：价款 200 000 元，增值税额 34 000 元，价税款均未支付。该批钢材验收入库。

借：原材料——×材料   200 000

    应交税金——应交增值税（进项税额）   34 000

  贷：应付账款——×公司   234 000

接上例，腾阳钢厂规定现金付款条件为"2/10，N/30"。火凤凰公司据此在第 10 天内付款，若火凤凰公司在第 15 天付款。请分别进行账务处理。火凤凰公司记账凭证如表 7 - 1 所示。

(2) 企业开出、承兑商业汇票抵付应付账款：

借：应付账款   234 000

  贷：应付票据   234 000

（3）企业在现金折扣期内（第 10 天）享受的付款折扣：

借：应付账款   234 000

  贷：财务费用   4 680

    银行存款   229 320

（4）如果企业在现金折扣期外（第 15 天）付款：

借：应付账款   234 000

  贷：银行存款   234 000

应付账款	负债类
本期减少额（如企业用银行存款抵付，企业开出、承兑商业汇票而抵付的应付账款）	期初余额 本期增加额（企业购入材料、商品等验收入库发生的应付未付账款企业购入劳务形式的应付未付账款）
	期初余额：企业尚未支付的应付账款

表 7-1   火凤凰公司记账凭证举例

摘　要	总账科目	明细科目	借方金额	贷方金额
7-1 购入玉清石棉板	应付账款			1 170
	原材料		1 000	
	增值税（进项税额）		170	
7-2 购入厨具一批——厨乐厨具	库存商品		128 200	
	增值税（进项税额）		21 794	
	应付账款			149 994
7-3 付富永刚管道维修费	制造费用		2 300	
	应付账款			2 300
7-4 收龙星化工蒽油款付三翰商贸蒽油款	应付账款		3 000 000	
	应收账款			3 000 000
7-5 石棉垫暂估入库	原材料		1 820	

续　表

摘　要	总账科目	明细科目	借方金额	贷方金额
	增值税（进项税额）		309	
	应付账款			2 129
7-6收龙星化工蒽油款	库存商品		3 000 000	
	增值税（进项税额）		510 000	
	应付账款			3 510 000
合　计				

主管：　　　　　　　　复核：　　　　　　　　制单：

三、实务注意问题

1. 关于入账时间

应付账款的入账时间应以与所购买物资所有权有关的风险和报酬已经转移或劳务已经接受为标志。但在实际工作中应区别情况处理：

（1）在物资和发票账单同时到达的情况下。应付账款一般待物资验收入库后，才按发票账单登记入账。这主要是为了确认所购入的物资是否在质量、数量和品种上都与合同上订明的条件相符，以免因先入账而在验收入库时发现购入物资错、漏、破损等问题再行调账；

（2）在物资和发票账单未同时到达的情况下，由于应付账款需根据发票账单登记入账有时货物已到。发票账单要间隔较长时间才能到达，由于这笔负债已经成立，应作为一项负债反映。为在资产负债表上客观反映企业所拥有的资产和承担的债务，在实际工作中采用在月份终了将所购物资和应付债务估计入账待下月初再用红字予以冲回的办法。因购买商品等而产生的应付账款，应设置"应付账款"科目进行核算，用以反映这部分负债的价值。

应付账款一般按应付金额入账，而不按到期应付金额的现值入账。如果购入的资产在形成一笔应付账款时是带有现金折扣的，应付账款入账金额的确定按发票上记载的应付金额的总值（即不扣除折扣）记账。在这种方法下。应按发票上记载的全部应付金额，借记有关科目贷记"应付账款"科目；获得的现金折扣冲减财务费用。

2. 关于应付账款的组成

应付账款跟应收账款一样分为四大模块：

（1）发票管理——将发票信息输入之后，可以验证发票上所列物料的入库情况，核对采购订单物料，计算采购单和发票的差异，查看指定发票的所有采购订单的入库情况，列出指定发票的有关支票付出情况和指定供应商的所有发票和发票调整情况。

（2）供应商管理——提供每个提供物料的供应商信息。如使用币种、付款条件、付款方式、付款银行、信用状态、联系人、地址等。此外，还有各类交易信息。

（3）支票管理——可以处理多个付款银行与多种付款方式，能够进行支票验证，将开出支票与银行核对，查询指定银行开出的支票、作废支票和打印支票。

（4）账龄分析——可以根据指定的过期天数和未来天数计算账龄，也可以按照账龄列出应付款的余额。

第二节　预收账款

一、预收账款的定义

预收账款用来核算企业按照合同规定或交易双方之约定，而向购买单位或接受劳务的单位在未发出商品或提供劳务时预收的款项。一般包括预收的货款、预收购货定金等。预收账款是买卖双方协议商定，由购货方预先支付一部分货款向供应方而发生的一项负债。企业在收到这笔钱时，商品或劳务的销售合同尚未履行，因而不能作为收入入账，只能确认为一项负债，即贷记"预收账款"账户。企业按合同规定提供商品或劳务后，再根据合同的履行情况，逐期将未实现收入转成已实现收入，即借记"预收账款"账户，贷记有关收入账户。预收账款的期限一般不超过1年，通常应作为一项流动负债反映在各期末的资产负债表上，若超过1年（预收在1年以上提供商品或劳务）则称为"递延贷项"，单独列示在资产负债表的负债与所有者权益之间。

注：交易是有风险的，特别是在首次对不熟悉的客户进行交易或认为客户的信用状况不佳，存在拒付风险的交易事项时，企业往往采取先款后货的交易方式，先款后货通常有几种方式：一是全额先款后货，即通常的收多少钱，发多少货；二是先预收一定比例的款项，收到头款后发货，待客户收到货后再收尾款或依其他约定方式收款。

二、预收账款的账务核算

预收账款	负债类
（1）销售实现时，应收款项结算金额 （2）退回多收的款项	（1）向购货单位预售的款项 （2）对方补付的款项
余额：应有购货单位补付的款项	余额：企业向购货单位预收的款项及应退回的多余的款项

明细：按购货单位进行明细核算。

例 7-5：火凤凰公司预收正大工厂订购蛇皮管的货款 500 000 元，存入银行。向正大工厂发出 B 产品 70 台，发票注明的价款 1 400 000 元，增值税销项税额 238 000 元。原预收款不足，其差额部分当即收到并存入银行。

(1) 收到预收账款：

借：银行存款   500 000

    贷：预收账款   500 000

(2) 收到剩余货款：

借：预收账款   1 638 000

    贷：主营业务收入   1 400 000

        应交税费——应交增值税（销项税额）   238 000

借：银行存款   1 138 000

    贷：预收账款   1 138 000

注：预收账款不多的企业，将预收款项记入"应收账款"。贷方公司中无预收，由于现在市场竞争激烈，供大于求，预收账款这种形式不被买方认可，业务中就不常出现。

对比预付账款与预收账款的核算流程如下。

预付账款

公司按合同规定，预付货款（或补付货款）时，根据相关会计凭证做如下分录：

借：预付账款——××公司

    贷：银行存款

公司收到货物，根据相关会计凭证做如下分录：

借：库存商品（或原材料）——××商品（或××材料）

    应交税金——应交增值税（进项税额）

    贷：预付账款——××公司

补付货款

借：预付账款

    贷：银行存款

公司预付货款后，无法收到货物也无法收回所预付款项，将已预付款项转出：

借：其他应收款——××公司

    贷：预付账款——××公司

预收账款

(1) 收到预收的款项时：

借：银行存款

    贷：预收账款——××公司

（2）发出商品，确认收入时：

借：预收账款——××公司

　　贷：主营业务收入

　　　　应交税金——应交增值税（销项税额）

（3）退回或收到余款：

A. 退回时

借：预收账款——××公司

　　贷：银行存款

B. 收到时

借：银行存款

　　贷：预收账款——××公司

三、实务注意事项

预收账款会计科目或是与之相关的会计科目在进行设立时，应该从企业的角度出发，严格按照合同的要求以及规定向购货人来进行收取相应的款项，通常可以向购货人收取预收账款，同时可以按预收账款来进行财务核算，可以把会计账户的设立写在购货合同上面。

1. "预收账款"的双重性

企业在收到预收款项时，先列入"预收账款"的贷方，此时该项目表现为一项负债；等到企业发出商品时，按总的价税款列入"预收账款"的借方，由于预收款会小于实际价税款，在企业发出商品后"预收账款"的余额一般为借方，其本质为应收的性质，等同于"应收账款"。在期末列报时，如果截止期末"预收账款"为借方余额则应列入应收账款项，如为贷方余额则列入预收账款项。如果企业在预收账款业务不多时，可用"应收账款"来代替，其列报方式等同。

2. "预收账款"的列报方法

根据"应收账款"和"预收账款"明细账的借方余额之和记入"应收账款"项，而根据明细账的贷方余额之和记入"预收账款"项。

在预收款项业务不多的企业可以将预收的款项直接记入"应收账款"的贷方，不单独设置本科目，在使用本科目时，要注意与"应收账款"科目的关系。

四、预收账款和应收账款的区别

（1）应收账款是资产类科目。应收账款指企业因销售商品、提供劳务等业务，应向购货单位或接受劳务单位收取的款项，是企业因销售商品、提供劳务等经营活动所形成的债权。

（2）预收账款是负债类科目。预收账款指企业按照合同规定，向购货单位预先收取的款项。企业在发货前预收的货款，应作为企业的一项负债。

（3）销售的时候先收钱后付货的是预收账款，先付货后收钱的是应收账款。应收账款主要用于赊销，销售的时候借记"应收账款"，贷记"主营业务收入、应交增值税"，收款的时候，借记"银行存款"，贷记"应收账款"，如果已售出商品还没收到钱，计入应收账款的借方。虽然应收账款和预收账款的性质不一样，但是它们核算的都是销售业务，而且收钱时都是贷记"应收和预收"，发货时都是借记"预收和应收"，所以借贷方核算的内容是一致的。

（4）应收账款核算符合销售商品，提供劳务收入确认条件所产生的债权，对债权人来说是一项资产。

（5）预收账款核算企业销售商品，提供劳务根据合同协议约定预先收取的定金或预付款，对收款的企业来说，是一项负债（也就是说在符合销售商品，提供劳务收入确认条件前收取的款项）。

第三节　其他应付款

一、定　义

其他应付款是指企业在商品交易业务以外发生的应付和暂收款项。指企业除应付票据、应付账款、应付工资、应付利润等以外的应付、暂收其他单位或个人的款项。

二、核算范围

通常情况下，该科目核算企业应付、暂收其他单位或个人的款项，如应付租入固定资产和包装物的租金，存入保证金、应付、暂收所属单位、个人的款项、管辖区内业主和物业管户装修存入保证金；应付职工统筹退休金，以及应收暂付上级单位、所属单位的款项。

而企业经常发生的应付供应单位的货款，则是在"应付账款"和"应付票据"科目中核算。

三、科目设置及会计处理

企业应设置"其他应付款"账户进行核算。该账户，属于负债类账户，贷方登记发生的各种应付、暂收款项，借方登记偿还或转销的各种应付暂收款项，月末，余额在贷方，表示企业应付、暂收的结存现金。本账户应按应付、暂收款项的类别设置明细账户。

企业发生各种应付、暂收或退回有关款项时，借记"银行存款""管理费用"等账户，贷记"其他应付款"账户；支付有关款项时，借记"其他应付款"账户，贷记"银行存款"等科目。火凤凰公司记账凭证如表7-2所示。

例7-6： 火凤凰公司2015年4月收到购货客户租用周转包装物石棉板的押金5 000元，已存入银行。

（1）收到交来的包装物押金时：

借：银行存款 　　　　　　　　　　　　　　　　　5 000
　　贷：其他应付款——存入保证金 　　　　　　　　　　　5 000

（2）收回包装物，退还押金时：

借：其他应付款——存入保证金 　　　　　　　　　　5 000
　　贷：银行存款 　　　　　　　　　　　　　　　　　5 000

其他应付款	负债类
其他应付款的支付数	其他应付款的发生数
	余额：企业尚未支付的其他应付款项

明细：按其他应付款的项目和对方单位（或个人）进行明细核算。

表7-2 　　　　　　　　　　　火凤凰公司记账凭证举例

摘　要	总账科目	明细科目	借方金额	贷方金额
7-7 付马松报销未付款	其他应付款		6 000	
	现金			6 000
7-8 借入许辉款	其他应付款		6 000	
	银行存款			6 000
7-9 还赵军方借款	其他应付款		15 200	
	现金			15 200
7-10 马松还多打退回款	其他应付款			23 003
	现金		23 003	
7-11 借承兑付河南防腐保温工程款	其他应付款			300 000
	应付票据		300 000	
7-12 赵军方报销厂区吊装费	其他应付款			34 634
	管理费用		34 634	
合　计				

主管： 　　　　　　复核： 　　　　　　制单：

第四节 应付票据

一、定 义

应付票据是指企业在商品购销活动和对工程价款进行结算因采用商业汇票结算方式而发生的，由出票人出票，委托付款人在指定日期无条件支付确定的金额给收款人或者票据的持票人，它包括商业承兑汇票和银行承兑汇票。在我国，商业汇票的付款期限最长为 6 个月，因而应付票据即短期应付票据。应付票据按是否带息分为带息应付票据和不带息应付票据两种。

二、账务处理

商业汇票经过出票承兑以后，应借记"库存商品""应付账款"等账户，贷记"应付票据"账户。

例 7 - 7：火凤凰公司购入压力表 20 个，每个 600 元，按合同开出 4 个月无息商业承兑汇票，支付购货款。另前欠梅桂水暖应付款 4 600 元，现以一张为期 2 个月的无息商业承兑汇票付款。根据开出的商业承兑汇票做会计分录如下：

借：库存商品——压力表　　　　　　　　　　　12 000
　　应付账款——梅桂水暖　　　　　　　　　　 4 600
　　贷：应付票据　　　　　　　　　　　　　　　16 600

2 个月到期归还梅桂水暖货款，根据付款凭证，做会计分录如下：

借：应付票据　　　　　　　　　　　　　　　　 4 600
　　贷：银行存款　　　　　　　　　　　　　　　 4 600

注：开出并承兑的商业汇票如果不能如期支付的，应在票据到期并未签发新的票据时，将"应付票据"的账面余额转入"应付账款"账户，等下次支付款项时再按不同的付款方式做不同的账务处理。如以存款支付，则贷记"银行存款"账户；若重新开出票据时则贷记"应付票据"账户。银行承兑汇票，如果票据到期，企业无力支付到期票款时，承兑银行凭票向持票人无条件付款时，对出票人尚未支付的票款金额转作逾期贷款处理；并按每天万分之五计取罚息。开出汇票的企业到期无力支付银行承兑汇票，在接到银行转来的"××号汇票，无款支付转入逾期贷款户"等有关凭证时，应借记"应付票据"，贷记"短期借款"。火凤凰公司记账凭证如表 7 - 3 所示。

	应付票据		负债类
(1) 票据到期而支付的票面金额 (2) 票据到期无力支付而转为应付账款、短期借款的票面金额		(1) 企业开出、承兑商业汇票 (2) 以承兑商业汇票抵付货款、应付账款等	
		余额：企业尚未到期的商业汇票的票面余额	

明细：按债权人进行明细核算。

表 7-3　　　　　　　　　　　火凤凰公司记账凭证举例

摘　　要	总账科目	明细科目	借方金额	贷方金额
7-13 购入石棉板	原材料		1 000	
	增值税（进项税）		170	
	应付票据			1 170
7-14 购入厨具一批	库存商品		128 200	
	增值税（进项税）		21 794	
	应付票据			149 994
合　　计				

主管：　　　　　　　　复核：　　　　　　　　制单：

应收票据和应付票据的核算流程对比如下。

1. 应收票据

例 7-8：火凤凰公司销售一批焊管，价款 10 000 元，增值税 1 700 元，对方以银行承兑汇票结算。

销售商品或提供劳务、收到票据：

借：应收票据——××公司　　　　　　　　　11 700

　　贷：主营业务收入　　　　　　　　　　　10 000

　　　　应交税金——应交增值税（销项税额）　1 700

票据到期，对方付款：

借：银行存款　　　　　　　　　　　　　　　11 700

　　贷：应收票据　　　　　　　　　　　　　11 700

票据到期，对方未按时付款：

借：应收账款　　　　　　　　　　　　　　　11 700

　　贷：应收票据　　　　　　　　　　　　　11 700

2. 应付票据

例 7-9： 火凤凰公司购买一批石棉板，价款为 5 000 元，增值税 850 元，以商业承兑汇票结算。

（1）企业开出商业汇票抵付货款：

借：物资采购——××材料（采购成本）　　　5 000

　　应交税金——应交增值税（进项税额）　　　850

　　贷：应付票据——××公司（面额）　　　5 850

（2）票据到期，支付票款：

借：应付票据——××公司　　　5 850

　　贷：银行存款　　　5 850

（3）票据到期，无力支付：

A. 商业承兑汇票

借：应付票据——××公司　　　5 850

　　贷：应付账款——××公司　　　5 850

B. 银行承兑汇票

借：应付票据——××公司　　　5 850

　　贷：短期借款　　　5 850

第五节　应付职工薪酬

一、定　义

职工薪酬是指企业为获得职工提供的服务而给予各种形式的报酬以及其他相关支出。包括职工工资、奖金、津贴和补贴；职工福利费；医疗保险费、养老保险费、失业保险费、工伤保险费和生育保险费等社会保险费；住房公积金；工会经费和职工教育经费；非货币性福利（指企业以自产产品或外购商品发放给职工作为福利，将自己拥有的资产或租赁的资产无偿提供给职工使用、为职工无偿提供医疗保健服务，或者向职工提供企业一定补贴的商品或服务等）；因解除与职工的劳动关系给予的补偿；其他与获得职工提供的服务相关的支出。

应付职工薪酬是企业根据有关规定应付给职工的各种薪酬，按照"工资，奖金，津贴，补贴""职工福利""社会保险费""住房公积金""工会经费""职工教育经费""解除职工劳动关系补偿""非货币性福利""其他与获得职工提供的服务相关的支出"等应付职工薪酬项目进行明细核算。

二、计提比例

职工的薪酬福利按以下比例进行提取：

工会经费：企业 2％。

教育经费：企业 1.5％。

养老保险：企业 20％，个人 8％。

医疗保险：企业 10％，个人 2％。

住房公积金：企业 12％，个人 12％。

生育保险：企业 1％。

工伤保险：企业 0.8％。

失业保险：企业 2％，个人 1％。

三、账户设置及会计核算

企业按照有关规定向职工支付工资、奖金、津贴等，借记"应付职工薪酬"，贷记"银行存款""库存现金"等科目。企业向职工支付职工福利费，借记本科目，贷记"银行存款""库存现金"科目。企业支付工会经费和职工教育经费用于工会运作和职工培训，借记本科目，贷记"银行存款"等科目。企业按照国家有关规定缴纳社会保险费和住房公积金，借记本科目，贷记"银行存款"科目。

例 7-10： 火凤凰公司用现金 3 600 000 元发放工资。

借：应付职工薪酬——工资　　　　　　　　　 3 600 000

　　贷：库存现金　　　　　　　　　　　　　　　　 3 600 000

例 7-11： 火凤凰公司 2015 年 1 月按工资总额的 14％提取职工福利费共计 31 780 元。当月，用银行存款全部支付给职工。

借：应付职工薪酬——职工福利　　　　　　　 31 780

　　贷：银行存款　　　　　　　　　　　　　　　　 31 780

企业从应付职工薪酬中扣还的各种款项（代垫的家属药费、个人所得税等），借记本科目，贷记"其他应收款""应交税费——应交个人所得税"等科目。

例 7-12： 火凤凰公司代为职工缴纳应由职工负担的住房公积金、医疗保险费时的账务处理：

借：其他应收款　　　　　　　　　　　　　　 8 000

　　贷：银行存款　　　　　　　　　　　　　　　　 8 000

企业因解除与职工的劳动关系向职工给予的补偿，借记本科目，贷记"银行存款""库存现金"等科目。

企业计提职工薪酬时应当根据职工提供服务的受益对象，对发生的职工薪酬分情况进行处理。生产部门人员的职工薪酬，借记"生产成本""制造费用""劳务成本"科目，贷记本科目；管理部门人员的职工薪酬，借记"管理费用"科目，贷记本科目；销售人员的职工薪酬，借记"销售费用"科目，贷记本科目；应由在建工程、研发支出负担的职工薪酬，借记"在建工程""研发支出"科目，贷记本科目；因解除与职工的劳动关系给予的补偿，借记"管理费用"科目，贷记本科目；外商投资企业按规定从净利润中提取的职工奖励及福利基金，借记"利润分配——提取的职工奖励及福利基金"科目，贷记本科目；非货币性福利按产品或商品的市场公允价值，计入相关资产成本或当期损益。

例 7 - 13：火凤凰公司本月以银行存款支付职工福利费 504 000 元，其中生产工人的福利费 429 800 元（焊管生产工人 229 600 元，蛇皮管生产工人 200 200 元），车间管理人员的福利费 44 800 元，厂部管理人员的福利费 29 400 元。

（1）支付福利费时：

借：应付职工薪酬——职工福利   504 000
 贷：银行存款   504 000

（2）列支福利费时：

借：生产成本——焊管   229 600
    ——蛇皮管   200 200
 制造费用   44 800
 管理费用   29 400
 贷：应付职工薪酬——职工福利 504 000

注：计量应付职工薪酬时，国家规定了计提基础和计提比例的，应按照国家规定的标准计提。国家没有规定计提基础和计提比例的，企业应当根据历史经验数据和实际情况，合理预计当期应付职工薪酬。当期实际发生金额大于预计金额的，应当补提应付职工薪酬，当期实际发生金额小于预计金额的，应当冲回多提的应付职工薪酬。火凤凰公司记账凭证如表 7 - 4 所示。

应付职工薪酬	负债类
	期初余额
本期减少额（实际发放职工薪酬数额；从应付职工薪酬中扣还的各种款项）	本期增加额（已分配计入有关成本费用项目的应付职工薪酬的数额）
余额：企业多支付的应付职工薪酬数额	期末余额：企业应付而未付的应付职工薪酬

明细：按"工资""职工福利""社会保险费""住房公积金""工会经费""职工教育经费""非货币性福利""辞退福利""股份支付"等进行明细核算。

表 7 - 4 　　　　　　　　火凤凰公司记账凭证举例

摘 要	总账科目	明细科目	借方金额	贷方金额
7-15 发放 12 月工资	应付职工薪酬		418 813	
	银行存款			418 813
7-16 计提 12 月工资	应付职工薪酬			418 813
	制造费用		418 813	
7-17 胡静报销二月养老保险公司承担部分	应付职工薪酬		10 400	
	现金			10 400
7-18 计提 7 月管理人员工资	应付职工薪酬			33 333
	管理费用		33 333	
7-19 发放工资	应付职工薪酬		448 825	
	银行存款			448 825
7-20 支付劳务公司派遣人员工资	应付职工薪酬		30 424	
	现金			30 424

主管： 　　　　　　复核： 　　　　　　制单：

本章涉及的 T 型账户汇总如下：

应付账款			原材料	
3 000 000	1 170		1 000	
	149 994		1 820	
	2 300		1 000	
	2 129			
	3 510 000			
合计	合计 665 593		合计 3 820	合计

增值税	
170	
21 794	
309	
510 000	
170	
21 794	
合计 554 237	合计

库存商品	
128 200	
3 000 000	
128 200	
合计 3 256 400	合计

制造费用	
2 300	
418 813	
合计 421 113	合计

应收账款	
	3 000 000
合计	合计 3 000 000

其他应付款	
6 000	23 003
6 000	300 000
15 200	34 634
合计	合计 330 437

库存现金	
23 003	6 000
	15 200
	10 400
	30 424
合计	合计 39 021

银行存款	
	6 000
	418 813
	448 825
合计	合计 873 638

应付票据	
300 000	1 170
	149 994
合计 148 836	合计

管理费用		应付职工薪酬	
34 634		418 813	418 813
33 333		10 400	33 333
		448 825	
		30 424	
合计　67 967	合计	合计　456 316	合计

 **本章任务**

1. 学习应付账款的管理条例，考虑企业如何恰当地利用应付账款。

2. 学习有关职工福利的相关政策。

3. 区分预收账款、预付账款、应收账款、应付账款的账户性质及会计处理。

4. 考虑预收账款过高对企业的经营管理有何影响，讨论贵州茅台预收账款大增 460%，拿出 77 亿元分红这一行为。

5. 火凤凰公司为增值税一般纳税人，增值税税率为 17%。生产中所需材料按实际成本核算，A 公司 2015 年 8 月发生的有关该材料业务如下：

(1) 8 月 3 日，购入材料 400 千克，增值税专用发票上注明的货款为 108 万元，增值税 18.36 万元，对方代垫包装费 0.9 万元，材料已验收入库，款项尚未支付。

(2) 8 月 5 日，签发商业承兑汇票一张支付上述货款。

(3) 8 月 6 日，签发一张商业承兑汇票购入材料，增值税专用发票上注明的货款为 81.5 万元，增值税 13.855 万元，对方代垫保险费 0.2 万元。材料已验收入库。

6. 火凤凰公司为增值税一般纳税人，于 2015 年 9 月 2 日从甲公司购入一批产品并已验收入库，增值税专用发票上注明该批产品的价款为 150 万元，增值税额为 25.5 万元。合同中规定的现金折扣条件为 2/10，1/20，N/30，假定计算现金折扣时不考虑增值税。该企业在 2011 年 9 月 11 日付清货款。企业购买产品时的会计处理。

7. 火凤凰公司为增值税一般纳税人，生产应税消费品适用的增值税税率为 17%，消费税率为 10%。2015 年 1 月发生与职工薪酬有关的交易或事项如下：

(1) 对生产车间使用的设备进行日常维修，应付企业内部维修人员工资 1.2 万元。

(2) 对以经营租赁方式租入的生产线进行改良，应付企业内部改良工程人员工资 3 万元。

(3) 为公司总部下属部门经理每人配备汽车一辆免费使用，假定每辆汽车每月计提折旧 0.08 万元。

（4）将50箱自产白酒作为福利分配给本公司职工，每人一箱，其中，生产产品工人30人，车间管理人员5人，行政管理人员15人。该白酒生产成本为1.2万元/箱，市场售价为1.5万元/箱。

（5）月末，分配职工工资150万元，其中直接生产产品人员工资105万元，车间管理人员工资15万元，企业行政管理人员工资20万元，专设销售机构人员工资10万元。

（6）银行提取现金130万元备发工资。

（7）用银行存款发放职工工资，其中，按规定计算代扣代交职工个人所得税10万元，扣收代职工垫付款6万元，代扣职工养老保险4万元。

（8）以库存现金支付职工李某生活困难补助0.3万元。

（9）以银行存款缴纳为职工支付的医疗保险费5万元。

要求：编制火凤凰公司2015年1月的会计分录。

8. 2015年4月3日，火凤凰公司预收华利公司购货款30 000元；4月8日，根据合同发货，货款50 000元，增值税8 500元；4月9日，火凤凰公司收到华利公司余款。请做出一系列会计处理。

第八章　非流动负债

第一节　长期借款

一、定　义

长期借款是指企业从银行或其他金融机构借入的期限在1年以上（不含1年）的各项借款。

二、账务核算

长期借款的核算流程总结如下。

（1）企业借入长期借款：

借：银行存款

　　长期借款——利息调整

　　贷：长期借款——本金

（2）资产负债表日：

借：在建工程、制造费用、财务费用、研发支出等

　　贷：应付利息

　　　　长期借款——利息调整

（3）归还长期借款本金：

借：长期借款——本金

　　贷：银行存款

例8-1：火凤凰公司为建造一幢厂房，于2014年1月1日借入期限为2年的长期专门借款1 500 000元，款项已存入银行。借款利率按市场利率确定为9%，每年付息一次，期满后一次还清本金。2014年年初，该企业以银行存款支付工程价款共计900 000元，2015年年初，又以银行存款支付工程费用600 000元。该厂房于2015年8月31日完工，达到预定可使用状态。假定不考虑闲置专门借款资金存款的利息收入或者投资收益。

该企业有关账务处理如下：

（1）2014年1月1日，取得借款时：

借：银行存款　　　　　　　　　　　　　1 500 000

　　贷：长期借款——××银行——本金　　　　1 500 000

（2）2014年年初，支付工程款时：

借：在建工程——××厂房　　　　　　　　900 000

　　贷：银行存款　　　　　　　　　　　　　900 000

（3）2014年12月31日，计算应计入工程成本的利息费用时：

借款利息＝1 500 000×9％＝135 000（元）

借：在建工程——××厂房　　　　　　　　135 000

　　贷：应付利息——××银行　　　　　　　135 000

（4）2014年12月31日，支付借款利息时：

借：应付利息——××银行　　　　　　　　135 000

　　贷：银行存款　　　　　　　　　　　　　135 000

（5）2015年年初，支付工程款时：

借：在建工程——××厂房　　　　　　　　600 000

　　贷：银行存款　　　　　　　　　　　　　600 000

（6）2015年8月31日，工程达到预定可使用状态时：

该期应计入工程成本的利息＝（1 500 000×9％÷12）×8＝90 000（元）

借：在建工程——××厂房　　　　　　　　90 000

　　贷：应付利息——××银行　　　　　　　90 000

同时：

借：固定资产——××厂房　　　　　　　　1 725 000

　　贷：在建工程——××厂房　　　　　　　1 725 000

（7）2015年12月31日，计算2×10年9—12月的利息费用时：

应计入财务费用的利息＝（1 500 000×9％÷12）×4＝45 000（元）

借：财务费用——××借款　　　　　　　　45 000

　　贷：应付利息——××银行　　　　　　　45 000

（8）2015年12月31日，支付利息时：

借：应付利息——××银行　　　　　　　　135 000

　　贷：银行存款　　　　　　　　　　　　　135 000

（9）2016年1月1日，到期还本时：

借：长期借款——××银行——本金　　　　1 500 000

　　贷：银行存款　　　　　　　　　　　　　1 500 000

第二节 应付债券

一、定 义

公司债券是指公司依照法定程序发行的，约定在一定期限内还本付息的有价证券。公司债券是公司债的表现形式，基于公司债券的发行，在债券的持有人和发行人之间形成了以还本付息为内容的债权债务法律关系。因此，公司债券是公司向债券持有人出具的债务凭证。

二、核算流程

普通公司债券的核算流程如下。

1. 发行债券

借：银行存款

  贷：应付债券——面值（债券面值）

      ——利息调整（差额）

"应付债券——利息调整"科目的发生额也可能在借方。发行债券的发行费用应计入发行债券的初始成本，反映在"应付债券——利息调整"明细科目中。

2. 期末计提利息

每期计入"在建工程""制造费用""财务费用"等科目的利息费用＝期初摊余成本×实际利率；每期确认的"应付利息"或"应付债券——应计利息"＝债券面值×票面利率。

借：在建工程、制造费用、财务费用等科目

   应付债券——利息调整

  贷：应付利息（分期付息债券利息）

    应付债券——应计利息（到期一次还本付息债券利息）

注："应付债券——利息调整"科目的发生额也可能在贷方。

3. 到期归还本金和利息

借：应付债券——面值

     ——应计利息（到期一次还本付息债券利息）

   应付利息（分期付息债券的最后一次利息）

  贷：银行存款

例 8 - 2： 2×11 年 1 月 1 日，火凤凰公司经批准发行 5 年期一次还本、分期付息的公司债券 60 000 000 元，债券利息在每年 12 月 31 日支付，票面利率为年利率 6%。假定债券发行时的市场利率为 5%。

火凤凰公司该批债券实际发行价格为：

$60\ 000\ 000 \times (P/S, 5\%, 5) + 60\ 000\ 000 \times 6\% \times (P/A, 5\%, 5) = 60\ 000\ 000 \times 0.7835 + 60\ 000\ 000 \times 6\% \times 4.3295 = 62\ 596\ 200$（元）

火凤凰公司根据上述资料，采用实际利率法和摊余成本计算确定的利息费用如表 8-1 所示。

表 8-1　　　　　　　　　　火凤凰公司利息费用　　　　　　　　　　单位：元

日期	现金流出 (a)	实际利息费用 (b) = 期初 (d) ×5%	已偿还的本金 (c) = (a) － (b)	摊余成本余额 (d) = 期初 (d) － (c)
2×11 年 1 月 1 日				62 596 200
2×11 年 12 月 31 日	3 600 000	3 129 810	470 190	62 126 010
2×12 年 12 月 31 日	3 600 000	3 106 300.50	493 699.50	61 632 310.50
2×13 年 12 月 31 日	3 600 000	3 081 615.53	518 384.47	61 113 926.03
2×14 年 12 月 31 日	3 600 000	3 055 696.30	544 303.70	60 569 622.33
2×15 年 12 月 31 日	3 600 000	3 030 377.67*	569 622.33	60 000 000
小计	18 000 000	15 403 800	2 596 200	60 000 000
2×15 年 12 月 31 日	60 000 000	—	60 000 000	0
合计	78 000 000	15 403 800	62 596 200	—

*尾数调整：60 000 000 + 3 600 000 － 60 569 622.33 = 3 030 377.67（元）

根据表 8-1 的资料，火凤凰公司的账务处理如下：

（1）2×11 年 1 月 1 日，发行债券时：

借：银行存款　　　　　　　　　　　　　62 596 200

　贷：应付债券——面值　　　　　　　　　　60 000 000

　　　　　　——利息调整　　　　　　　　　2 596 200

（2）2×11 年 12 月 31 日，计算利息费用时：

借：财务费用（或在建工程）　　　　　　3 129 810

　　应付债券——利息调整　　　　　　　　470 190

　贷：应付利息　　　　　　　　　　　　　　3 600 000

（3）2×11年12月31日，支付利息时：

借：应付利息   3 600 000

    贷：银行存款   3 600 000

2×12年、2×13年、2×14年确认利息费用的会计分录与2×11年相同，金额与利息费用一览表的对应金额一致。

（4）2×15年12月31日，归还债券本金及最后一期利息费用时：

借：财务费用（或在建工程）   3 030 377.67

    应付债券——面值   60 000 000

           ——利息调整   569 622.33

    贷：银行存款   63 600 000

例8-3：火凤凰上市公司（以下简称火凤凰公司）发行公司债券为建造专用生产线筹集资金，有关资料如下：

（1）2007年12月31日，委托证券公司以7 755万元的价格发行3年期分期付息公司债券，该债券面值为8 000万元，票面年利率为4.5%，实际年利率为5.64%，每年付息一次，到期后按面值偿还。支付的发行费用与发行期间冻结资金产生的利息收入相等。

（2）生产线建造工程采用出包方式，于2008年1月1日开始动工，发行债券所得款项当日全部支付给建造承包商，2009年12月31日所建造生产线达到预定可使用状态。

（3）假定各年度利息的实际支付日期均为下一年度的1月10日，2011年1月10日支付2010年度利息，一并偿付面值。

（4）所有款项均以银行存款收付。

（答案中的金额单位用万元表示，计算结果精确到小数点后两位，"应付债券"科目应列出明细科目）（2007年考题）

要求：

（1）计算火凤凰公司该债券在各年年末的摊余成本、应付利息金额、当年应予资本化或费用化的利息金额、利息调整的本年摊销额和年末余额，结果填入答题卡第1页所附表格（不需列出计算过程）。

（2）分别编制火凤凰公司与债券发行、2008年12月31日和2010年12月31日确认债券利息、2011年1月10日支付利息和面值业务相关的会计分录。

解答过程如下。

（1）应付债券利息调整和摊余成本计算如表8-2所示。

表 8-2　　　　　　　　　　利息调整和摊余成本计算　　　　　　　　单位：万元

时间		2007 年 12 月 31 日	2008 年 12 月 31 日	2009 年 12 月 31 日	2010 年 12 月 31 日
年末摊余成本	面值	8 000	8 000	8 000	8 000
	利息调整	−245	−167.62	−85.87	
	合计	7 755	7 832.38	7 914.13	8 000
当年应予资本化或费用化的利息金额			437.38	441.75	445.87
年末应付利息金额			360	360	360
"利息调整"本年摊销额			77.38	81.75	85.87

（2）会计分录如下：

①2007 年 12 月 31 日发行债券：

借：银行存款　　　　　　　　　　　　　7 755

　　应付债券——利息调整　　　　　　　　245

　　贷：应付债券——面值　　　　　　　　　　　　　8 000

②2008 年 12 月 31 日计提利息：

借：在建工程　　　　　　　　　　　　　437.38

　　贷：应付利息　　　　　　　　　　　　　　　360

　　　应付债券——利息调整　　　　　　　　　　77.38

③2010 年 12 月 31 日计提利息：

借：财务费用　　　　　　　　　　　　　445.87

　　贷：应付利息　　　　　　　　　　　　　　　360

　　　应付债券——利息调整　　　　　　　　　　85.87

④2011 年 1 月 10 日付息还本：

借：应付债券——面值　　　　　　　　　8 000

　　应付利息　　　　　　　　　　　　　　360

　　贷：银行存款　　　　　　　　　　　　　　　8 360

第三节 长期应付款

一、定 义

长期应付款是指企业除长期借款和应付债券以外的其他各种长期应付款项，包括应付融资租入固定资产的租赁费、具有融资性质的延期付款购买资产发生的应付款项等。

二、应付融资租入固定资产的租赁费

企业采用融资租赁方式租入的固定资产，应按最低租赁付款额，确认长期应付款。

（一）租赁的分类

承租人和出租人应当在租赁开始日将租赁分为融资租赁和经营租赁。

满足下列标准之一的，应当认定为融资租赁：

（1）在租赁期届满时，租赁资产的所有权转移给承租人；

（2）承租人有购买租赁资产的选择权，所订立的购买价款预计将远低于行使选择权时租赁资产的公允价值，因而在租赁开始日就可以合理确定承租人将会行使这种选择权；

（3）租赁期占租赁资产使用寿命的大部分（大于等于75%）；

（4）承租人在租赁开始日的最低租赁付款额现值几乎相当于租赁开始日租赁资产公允价值（大于等于90%）；

（5）租赁资产性质特殊，如果不做较大改造，只有承租人才能使用。

（二）企业（承租人）对融资租赁的会计处理

1. 租赁期开始日的会计处理

在租赁期开始日，承租人通常应当将租赁开始日租赁资产公允价值与最低租赁付款额现值两者中较低者加上初始直接费用作为租入资产的入账价值，将最低租赁付款额作为长期应付款的入账价值，长期应付款与租赁资产公允价值和最低租赁付款额现值两者中较低者的差额作为未确认融资费用。

承租人在租赁谈判和签订租赁合同过程中发生的，可归属于租赁项目的手续费、律师费、差旅费、印花税等初始直接费用，应当计入租入资产价值。

会计分录为：

借：固定资产（或在建工程）（租赁资产公允价值与最低租赁付款额现值两者中的

　　较低者＋初始直接费用）

　　未确认融资费用

　贷：长期应付款（最低租赁付款额）

　　银行存款（初始直接费用）

　　承租人在计算最低租赁付款额的现值时，能够取得出租人租赁内含利率的，应当采用租赁内含利率作为折现率；否则，应当采用租赁合同规定的利率作为折现率。承租人无法取得出租人的租赁内含利率且租赁合同没有规定利率的，应当采用同期银行贷款利率作为折现率。

　　租赁内含利率是指在租赁开始日，使最低租赁收款额的现值与未担保余值的现值之和等于租赁资产公允价值与出租人的初始直接费用之和的折现率。

　　例 8-4： 火凤凰公司以融资租赁方式租入 N 设备，该设备的公允价值为 100 万元，最低租赁付款额的现值为 93 万元，火凤凰企业在租赁谈判和签订租赁合同过程中发生手续费、律师费等合计为 2 万元。火凤凰企业该项融资租入固定资产的入账价值为：

　　融资租入固定资产的入账价值＝93＋2＝95（万元）。

　　2. 未确认融资费用的分摊

　　未确认融资费用应当在租赁期内的各个期间进行分摊。承租人应当采用实际利率法计算确认当期的融资费用。会计分录为：

　　借：财务费用

　　　贷：未确认融资费用

　　每期未确认融资费用摊销额＝期初应付本金余额×实际利率＝（期初长期应付款余额－期初未确认融资费用余额）×实际利率

　　3. 租赁资产折旧的计提

　　（1）折旧政策。

　　承租人应当采用与自有固定资产相一致的折旧政策计提租赁资产折旧。如果承租人或与其有关的第三方对租赁资产余值提供了担保，则应计提的折旧总额为融资租入固定资产的入账价值扣除担保余值后的余额；如果承租人或与其有关的第三方未对租赁资产余值提供担保，则应提的折旧总额为租赁开始日固定资产的入账价值。

　　资产余值指在租赁开始日估计的租赁期届满时租赁资产的公允价值。

　　担保余值，就承租人而言，是指由承租人或与其有关的第三方担保的资产余值；就出租人而言，是指就承租人而言的担保余值加上独立于承租人和出租人的第三方担保的资产余值。

　　未担保余值是指租赁资产余值中扣除就出租人而言的担保余值以后的资产余值。如下图所示。

　　注：在计提固定资产折旧时应扣除承租人担保余值。

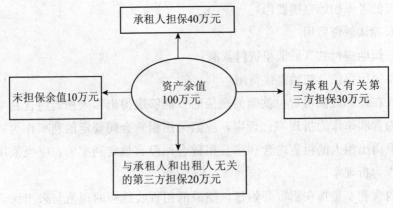

资产余值构成举例

（2）折旧期间。

如果能够合理确定租赁期届满时取得租赁资产所有权的，应当在租赁资产使用寿命内计提折旧。无法合理确定租赁期届满时能够取得租赁资产所有权的，应当在租赁期与租赁资产使用寿命两者中较短的期间内计提折旧。

例8-5：火凤凰公司某项融资租赁，起租日为2011年12月31日，最低租赁付款额现值为700万元（与租赁资产公允价值相等），承租人另发生安装费20万元，设备于2012年6月20日达到预定可使用状态并交付使用，承租人担保余值为60万元，未担保余值为30万元，租赁期为6年，设备尚可使用年限为8年。承租人对租入的设备采用年限平均法计提折旧。

该设备在2012年应计提的折旧额＝（700＋20－60）÷（6×12－6）×6＝60（万元）。

（3）履约成本的会计处理。

履约成本在实际发生时，通常计入当期损益。

（4）或有租金的会计处理。

或有租金应当在实际发生时计入当期损益（销售费用等）。

（5）租赁期届满时的会计处理。

①返还租赁资产。

如果存在承租人担保余值：

借：长期应付款（担保余值）

　　累计折旧

　　贷：固定资产——融资租入固定资产

如果不存在承租人担保余值：

借：累计折旧

贷：固定资产——融资租入固定资产

②优惠续租租赁资产：

如果承租人行使优惠续租选择权，则应视同该项租赁一直存在而作出相应的会计处理，如继续支付租金等。如果租赁期届满时承租人没有续租，承租人向出租人返还租赁资产时，其会计处理同上述返还租赁资产的会计处理。火凤凰公司记账凭证如表8-3所示。

③留购租赁资产：

借：长期应付款（购买价款）

　　贷：银行存款

借：固定资产——生产用固定资产等

　　贷：固定资产——融资租入固定资产

表 8-3　　　　　　　　　　火凤凰公司记账凭证举例

摘　要	总账科目	明细科目	借方金额	贷方金额
8-1 借入李向飞款	长期借款			580 000
	银行存款		580 000	
8-2 借承兑付恒海建筑工程款	长期借款		1 000 000	
	应付票据			1 000 000
8-3 付省安装公司土建工程款	长期借款			1 000 000
	在建工程		1 000 000	
8-4 借款付宝凯电器货物	长期借款			300 000
	应付账款		300 000	
8-5 还兴业银行款	长期借款		2 900 000	
	银行存款			2 900 000
8-6 应付融资租赁款——仲利国际租赁有限公司	长期应付款			6 996 430
	固定资产		6 996 430	
8-7 付租赁款——仲利国际租赁有限公司	长期应付款		239 200	
	银行存款			239 200
8-8 需摊销融资租赁费用	未确认融资费用			1 279 000
	财务费用		1 279 000	
合　计				

主管：　　　　　　　复核：　　　　　　　制单：

本章涉及的 T 型账户汇总如下：

长期借款	
	1 000 000
580 000	
2 900 000	
300 000	
1 000 000	
合计 2 020 000	合计

银行存款	
580 000	2 900 000
	239 200
合计	合计 2 559 200

应付票据	
	1 000 000
合计	合计 1 000 000

在建工程	
1 000 000	
合计 1 000 000	合计

应付账款	
	300 000
合计	合计 300 000

长期应付款	
239 200	6 996 430
合计	合计 6 757 230

固定资产	
6 996 430	
合计 6 996 430	合计

未确认融资费用	
	1 279 000
合计	合计 1 279 000

	财务费用		
	127 900		
合计	127 900	合计	

本章任务

1. 了解银行信贷业务流程及规则。

2. 学习融资性租赁的经营政策，并与经营租赁进行区分。

3. 了解证券的基本知识。

4. 火凤凰公司为建造一幢厂房，于 2014 年 1 月 1 日借入期限为 2 年的长期专门借款 1 500 000 元，款项已存入银行。借款利率按市场利率确定为 9%，每年付息一次，期满后一次还清本金。2014 年年初，该公司以银行存款支付工程价款共计 900 000 元，2015 年年初，又以银行存款支付工程费用 600 000 元，该厂房于 2015 年 8 月 31 日完工，达到预定可使用状态。假定不考虑闲置专门借款资金存款的利息收入或者投资收益。做出相应的会计处理。

5. 2×11 年 12 月 28 日，火凤凰公司与腾阳公司签订了一份租赁合同。合同主要条款如下：

（1）租赁标的物：数控机床。

（2）租赁期开始日：租赁物运抵火凤凰公司生产车间之日（即 2×12 年 1 月 1 日）。

（3）租赁期：从租赁期开始日算起 36 个月（即 2×12 年 1 月 1 日至 2×14 年 12 月 31 日）。

（4）租金支付方式：自租赁期开始日起每年年末支付租金 900 000 元。

（5）该机床在 2×12 年 1 月 1 日的公允价值为 2 500 000 元。

（6）租赁合同规定的利率为 8%（年利率）。

（7）该机床为全新设备，估计使用年限为 5 年，不需安装调试，采用年限平均法计提折旧。

（8）2×13 年和 2×14 年，火凤凰公司每年按该机床所生产产品的年销售收入的 1% 向 B 公司支付经营分享收入。

火凤凰公司在租赁谈判和签订租赁合同过程中发生可归属于租赁项目的手续费、

差旅费 9 800 元。2×13 年和 2×14 年，火凤凰公司使用该数控机床生产产品的销售收入分别为 8 000 000 元和 10 000 000 元。2×13 年 12 月 31 日，火凤凰公司以银行存款支付该机床的维护费 2 800 元。2×14 年 12 月 31 日，火凤凰公司将该机床退还 B 公司。火凤凰公司（承租人）应如何进行会计处理？

第九章 所有者权益

第一节 所有者权益的基本构成

一、定 义

所有者权益是指企业资产扣除负债后由所有者享有的剩余权益。包括实收资本（或股本）、资本公积、盈余公积和未分配利润（在股份制企业又称为股东权益）。

所有者权益是企业投资人对企业净资产的所有权。它受总资产和总负债变动的影响而发生增减变动。所有者权益包含所有者以其出资额的比例分享企业利润。与此同时，所有者也必须以其出资额承担企业的经营风险。所有者权益还意味着所有者有法定的管理企业和委托他人管理企业的权利。

企业的所有者和债权人均是企业资金的提供者，因而所有者权益和负债（债权人权益）两者均是对企业资产的要求权，但两者之间又存在着明显的区别。主要的区别如表 9-1 所示。

表 9-1　　　　　　　　　所有者权益和负债的区别

区别	所有者权益	负债
权益性质不同	享有盈余等权利	要求清偿权利
权利内容不同	参与收益分配和经营管理等	按期收回本金及利息
归还期限不同	一般不予归还	必须偿还
风险大小不同	风险较大（投资者）	风险较小（债权人）

所有者权益的来源包括所有者投入的资本、直接计入所有者权益的利得和损失、留存收益等。

利得是指由企业非日常活动所形成的、会导致所有者权益增加的、与所有者投入资本无关的经济利益的流入。分为：

（1）直接计入所有者权益的利得（非流动资产处置利得、非货币性资产交换利得、债务重组利得、政府补助、盘盈利得、捐赠利得等）计入营业外收入。

（2）直接计入当期利润的利得（投资性房地产，可供出售金融资产，长期股权投资等）计入资本公积。

损失是指由企业非日常活动所发生的、会导致所有者权益减少的、与向所有者分配利润无关的经济利益的流出。分为：

（1）直接计入所有者权益的损失（可供出售金融资产的公允价值变动；权益法下被投资单位其他所有者权益的变动；与计入所有者权益项目相关的所得税；固定资产等转为投资性房地产时公允价值变动；以权益结算的股份支付而形成的费用）计入其他资本公积。

（2）直接计入当期利润的损失（正常损失，如运输、仓储、包装等合理的损耗，计入管理费用；非正常损失，如自然灾害损失；因管理不善造成货物被盗窃、发生霉烂变质等损失，计入营业外支出）。

二、主要构成

所有者权益按其构成，分为投入资本、资本公积和留存收益三类。如下图所示。

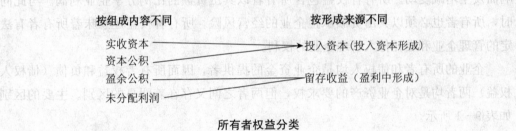

所有者权益分类

1. 投入资本

投入资本是指所有者在企业注册资本的范围内实际投入的资本。所谓注册资本是指企业在设立时向工商行政管理部门登记的资本总额，也就是全部出资者设定的出资额之和。企业对资本的筹集，应该按照法律、法规、合同和章程的规定及时进行。注册资本是企业的法定资本，是企业承担民事责任的财力保证。

在不同类型的企业中，投入资本的表现形式有所不同。在股份有限公司，投入资本表现为实际发行股票的面值，也称为股本；在其他企业，投入资本表现为所有者在注册资本范围内的实际出资额，也称为实收资本。

投入资本按照所有者的性质不同，可以分为国家投入资本、法人投入资本、个人投入资本和外方投入资本。国家投入资本是指有权代表国家投资的政府部门或者机构以国有资产投入企业所形成的资本；法人投入资本是指我国具有法人资格的单位以其依法可以支配的资产投入企业所形成的资本；个人投入资本是指我国公民以其合法财产投入企业所形成的资本；外方投入资本是指外国投资者以及我国香港、澳门和台湾地区的投资者将资产投入企业所形成的资本。

投入资本按照投入资产的形式不同，可以分为货币投资、实物投资和无形资产投资。比如火凤凰公司接受投资者投入现金形式资本 500 000 元，机器设备价值 500 000 元，产品专利估值 300 000 元。

2. 资本公积

资本公积是指由投资者投入但不构成实收资本，或从其他特定来源取得、由投资人共同享有的资本。它是所有者权益的重要组成部分。它主要包括资本溢价（股本溢价）和其他资本公积等。

资本公积与实收资本的区别：实收资本是投资者为谋求价值增值而对公司的一种原始投入，往往带有回报要求；资本公积虽然归所有投资者共同享有，但投入者没有任何回报要求。

3. 资本公积的来源

资本公积的来源包括两方面：

资本溢价。股份公司溢价发行股票时，溢价部分计入资本公积，或者由于资产的不可分割性导致实际投入公司的资产价值超过按出资比例计算的出资额部分。

例 9 – 1：火凤凰公司注册资本为 1 500 000 元，由甲、乙、丙三方各出资 500 000 元设立。现决定将公司注册资本增加到 2 000 000 元，并吸收丁投资者加盟，同意其以现金 7 00 000 元出资，占公司注册资本的 25%。

700 000－500 000＝200 000（元），为资本公积。

新股东投入资本中高于其所占企业资产份额的部分：公司创办后有新股东加入时，一般要付出大于原股东的出资额，这部分应计入资本公积。

例 9 – 2：火凤凰公司发行股票采用溢价发行，面值 1 000 元，发行价格为 1 200 元，多出来的 200 元作为资本公积。

4. 留存收益

留存收益是指企业从历年实现的净利润中提取或形成的留存于企业的积累资金。主要包括法定盈余公积、任意盈余公积和未分配利润。

盈余公积是指企业从税后净利润中提取形成的、存留于企业内部、具有特定用途的收益积累。盈余公积按规定可用于弥补企业亏损，也可按法定程序转增资本金。公司制企业按照税后利润的 5%～10% 的比例提取法定公益金。新公司法规定公司按照税后利润的 10% 提取法定公积金。按照《企业所得税》规定，以前年度亏损（5 年内）可用税前利润弥补，从第六年起只能用第六年税后利润弥补。

未分配利润是本年度所实现的净利润经过利润分配后所剩余的利润，等待以后分配。如果未分配利润出现负数时，即表示年末的未弥补的亏损，应由以后年度的利润或盈余公积来弥补。

第二节　所有者权益基本构成对应的账务核算

一、在企业设立时投资者投资的核算

（1）接受人民币的投资：

例9-3：火凤凰公司由赵军方，赵晓丽分别出资人民币50万元、70万元，款存银行。

借：银行存款——人民币　　　　　　　　　　　　120

　贷：实收资本——火凤凰　　　　　　　　　　　　　　　120

（2）接受外币的投资，没有约定汇率：

例9-4：火凤凰公司接受李华超的50万美元的投资，当日的市场汇率为1∶6.70。

借：银行存款——外币（外币×市场汇率）　　　　335

　贷：实收资本——火凤凰　　　　　　　　　　　　　　　335

（3）接受外币的投资，有约定汇率：

例9-5：火凤凰公司接受李华超的50万美元的投资，合同的约定汇率1∶6.50；当日的市场汇率为1∶6.70。

借：银行存款——外币（外币×市场汇率）　　　　335

　贷：实收资本——火凤凰（外币×约定汇率）　　　　　325

　　　资本公积——资本折算差额（差额）　　　　　　　10

（4）接受材料的投资：

借：原材料、应交税金

　贷：实收资本——××企业

（5）接受固定资产的投资：

借：固定资产

　贷：实收资本——××企业

（6）接受无形资产的投资：

借：无形资产

　贷：实收资本——××企业

例9-6：火凤凰公司接受腾阳公司投资设备一套60万元，苏圆公司投资土地使用权120万元，均得到投资各方的确认。

借：固定资产　　　　　　　　　　　　　　　　60

　　无形资产　　　　　　　　　　　　　　　　　　　　120
　贷：实收资本　　　　　　　　　　　　　　　　　　　180

	实收资本		所有者权益
	期初余额		
本期减少：（1）按法定程序报经批准减少的注册资本	本期增加：（1）企业接受投资者投入的资本，按其在注册资本中所占的份额增加资本		
	（2）企业经股东大会或类似机构决议，用资本公积和盈余公积转增资本		
	余额：企业实收资本总额		

　　明细：按投资者进行明细核算。企业（中外合作经营）在合作期间归还投资者的投资，应在本账户下设置"已归还投资"明细账户进行核算。

表9-2　　　　　　　　　　　火凤凰公司记账凭证汇总举例

摘　要	总账科目	明细科目	借方金额	贷方金额
9-1 赵军方认缴投资款	银行存款		6 000 000	
	实收资本			6 000 000
9-2 赵军立入投资款	银行存款		21 000 000	
	实收资本			21 000 000
合　计				

主管：　　　　　　　复核：　　　　　　　制单：

二、设立运作后，吸收新的投资者投资的核算

　　例9-7：火凤凰公司由A、B两位股东各投资100万元设立。经5年的经营，第5年年末所有者权益总额为400万元；这时C公司出资200万元，享有A、B两位股东的同等权利。

　　借：银行存款　　　　　　　　　　　　　　　　　　200
　贷：实收资本——企业　　　　　　　　　　　　　100
　　　资本公积——资本溢价　　　　　　　　　　　100

　　股份制企业投入资本——设置"股本"账户；设置"股本"账户；按面值发行股票，并支付发行费用（从发行收入中扣），收回股本。

　　例9-8：火凤凰公司委托南方证券公司发行普通股股票1 500万张，每股面值2

元，双方公司商定，按面值发行，并按发行收入的 5‰ 支付手续费，并直接从发行收入中扣除，收到的股票发行款已存入银行。

借：银行存款（股本－发行费用）　　　　　　　2 850

　　长期待摊费用（发行费用）　　　　　　　　 150

　贷：股本（每股面值×股票张数）　　　　　　　　　　 3 000

资本公积	所有者权益类
(1) 资本公积转增资本的数额 (2) 其他情况下减少的资本公积数额	期初余额 (1) 不同来源形式下的资本公积数额
	余额：企业的资本公积余额

明细：分别"股本溢价"或"资本溢价""其他资本公积"进行明细核算。

三、盈余公积的相关核算

盈余公积是指企业按照国家有关规定，从税后净利润中提取的，用于企业扩大经营规模、提高经营能力的积累资金和用于职工集体生活福利的公益金。盈余公积包括法定盈余公积、任意盈余公积和公益金。企业提取盈余公积的用途主要是：①弥补以前年度发生的亏损；②转增资本金；③用于职工集体福利设施。

盈余公积的核算，应设置"盈余公积"账户，明细账户有"一般盈余公积""任意盈余公积"和"公益金"。该账户贷方登记盈余公积的提取数，借方登记用于弥补亏损、转增资本数，余额一般在贷方，表示盈余公积的期末结存状况。盈余公积的账务处理如下。

(1) 提取盈余公积的账务处理：

借：利润分配——提取盈余公积

　贷：盈余公积——一般盈余公积

　　　盈余公积——公益金

(2) 弥补亏损的盈余公积的账务处理：

借：盈余公积——一般盈余公积

　贷：利润分配——未分配利润

(3) 盈余公积转增资本的账务处理：

借：盈余公积——一般盈余公积

　贷：实收资本/股本

四、集体福利设施购建完成的账务处理

(1) 提取款项，用于购建集体福利设施时：

借：固定资产等科目

　　贷：银行存款

（2）同时，应减少所提取的公益金：

借：盈余公积——公益金

　　贷：盈余公积——一般盈余公积

例9-9：火凤凰公司按净利润的10％提取法定盈余公积金。

借：利润分配——提取法定盈余公积　　　　37 500

　　贷：盈余公积——法定盈余公积　　　　　　　37 500

例9-10：火凤凰公司以前年度累计未弥补亏损28 000元，超过了用税前利润弥补的期限。经股东决议，用盈余公积金全额弥补。

借：盈余公积　　　　　　　　　　　　　28 000

　　贷：利润分配——盈余公积补亏　　　　　　 28 000

盈余公积　　　　　　　　　　　　　　　　　　　　　所有者权益类

（1）用盈余公积弥补亏损的金额	（1）企业按规定提取的盈余公积的金额
（2）用盈余公积转增资本的金额	（2）外商投资企业按规定提取的储备基金、
（3）用盈余公积派送新股的金额	企业发展基金余额
	（3）中外合作经营企业根据合同规定在合作
	期间实际归还投资者的投资金额
	余额：企业的盈余公积金额

明细：分别"法定盈余公积""任意盈余公积"进行明细核算，外商投资企业还应分别"储备基金""企业发展基金"进行明细核算，中外合作经营企业在合作期间归还投资者的投资应在本账户设置"利润归还投资"明细账户进行核算。

五、未分配利润的核算

通过"利润分配"账户下的"未分配利润"明细账户进行。在会计期末，公司通过"本年利润"账户计算出本期的经营成果，然后转入"利润分配——未分配利润"账户，经分配后，结存于该账户的贷方余额即为未分配利润，如果出现借方余额则为未弥补亏损。

例9-11：火凤凰公司年初未分配利润为300 000元，本年实现净利润1 000 000元，经股东大会批准：本年提取法定盈余公积100 000元、任意盈余公积50 000元，向投资者分配现金股利450 000元。

（1）结转本年实现的净利润：

借：本年利润　　　　　　　　　　　　　1 000 000

　　贷：利润分配——未分配利润　　　　　　　　　1 000 000

（2）按规定进行利润分配：

①提取盈余公积：

借：利润分配——提取法定盈余公积　　　100 000

　　　　　　　——提取任意盈余公积　　　50 000

　　贷：盈余公积——法定盈余公积　　　　　　　100 000

　　　　　　　　——任意盈余公积　　　　　　　 50 000

②向投资者分配现金股利：

借：利润分配——应付股利　　　　　　　450 000

　　贷：应付股利　　　　　　　　　　　　　　　450 000

（3）派发现金股利时：

借：应付股利　　　　　　　　　　　　　45 000

　　贷：银行存款　　　　　　　　　　　　　　　 45 000

（4）结转本年利润分配：

借：利润分配——未分配利润　　　　　　600 000

　　贷：利润分配——提取法定盈余公积　　　　　100 000

　　　　　　　　——提取任意盈余公积　　　　　 50 000

　　　　　　　　——应付股利　　　　　　　　　450 000

经过上述分配处理，"未分配利润"账户的贷方余额为 700 000 元（300 000＋1 000 000－600 000），即为公司年末未分配利润数额。

本章涉及的 T 型账户汇总如下。

实收资本			银行存款		
		6 000 000		6 000 000	
		21 000 000		21 000 000	
合计	合计	27 000 000	合计	27 000 000	合计

本章任务

1. 学习公司的分类形式及设立方式。

2. 记忆资本公积的来源。

3. 学习留存收益的包含内容，并研究留存收益对资本及利润分配有什么重要影响。

4. 火凤凰公司 2015 年年初所有者权益总额为 1 360 万元，当年实现净利润 450 万元，提取盈余公积 45 万元，向投资者分配现金股利 200 万元，本年内以资本公积转增资本 50 万元，投资者追加现金投资 30 万元。该公司年末所有者权益总额为多少。

5. 火凤凰公司 2015 年年初盈余公积为 260 万元，当年以其中的盈余公积转增资本 60 万元。当年实现净利润 300 万元，提取盈余公积 30 万元，以盈余公积向投资者分配股利 20 万元。该公司 2015 年年末盈余公积为多少。

6. 火凤凰公司 2015 年年初未分配利润的贷方余额为 400 万元，本年度实现的净利润为 200 万元，分别按 10% 和 5% 提取法定盈余公积和任意盈余公积。假定不考虑其他因素，该企业 2015 年年末未分配利润的贷方余额应为多少。

7. 火凤凰公司 2015 年发生的有关经济业务如下：①按照规定办理增资手续后，将资本公积 90 000 元转增注册资本。该公司原有注册资本 2 910 000 元，其中甲、乙、丙三家公司各占 1/3。②用盈余公积 50 000 元弥补以前年度亏损。③从税后利润中提取法定盈余公积 153 000 元。④接受火凤凰公司投资，经投资各方协议，火凤凰公司实际出资额中 1 000 000 元作为新增注册资本，使投资各方在注册资本总额中均占 1/4。火凤凰公司以银行存款 1 200 000 元缴付出资额。要求：根据上述业务编制火凤凰公司的有关会计分录。

第十章 费 用

第一节 费用的定义及确认

一、定 义

费用：企业在日常活动中发生的会导致所有者权益减少的、与向所有者分配利润无关的经济利益的总流出。

注：一定会计期间会计主体经济利益的减少是损益表要素之一。费用只有在经济利益很可能流出从而导致企业资产减少或者负债增加、且经济利益的流出额能够可靠计量时才能予以确认。企业发生费用的形式是由于资产流出企业、资产损耗或负债增加而引起所有者权益减少。但有例外，例如，企业所有者抽回投资或企业向所有者分配利润，虽然会引起资产减少或负债增加，并使所有者权益减少，但不属于企业发生费用的经济业务。

我国《企业会计准则》中对费用的定义进一步解读为：费用是企业生产经营过程中发生的各项耗费。企业直接为生产商品和提供劳务等发生的直接材料、直接人工、商品进价和其他直接费用，直接计入生产经营成本；企业为生产商品和提供劳务而发生的各项间接费用，应当按一定标准分配计入生产经营成本。企业行政管理部门为组织和管理生产经营活动而发生的管理费用和财务费用，为销售和提供劳务而发生的进货费用、销售费用等，应当作为期间费用，直接计入当期损益。

例 10-1：火凤凰公司主营焊管、镀锌，耗用原钢 5 000 吨，生产线人员工资及福利 50 000 元，在这里原钢属于直接材料，员工工资及福利是直接人工，都属于直接费用；像车间主任的工资 20 000 元，办公室人员工资 15 000 元及办公室使用的复印纸、打印机 8 000 元等都属于间接费用。

二、确认条件

在确认费用时，首先应当划分生产费用与非生产费用的界限。生产费用是指与企业日常生产经营活动有关的费用，如生产产品所发生的原材料费用、人工费用等；非生产费用是指不属于生产费用的费用，如用于购建固定资产所发生的费用，不属于生产费用。其次，应当分清生产费用与产品成本的界限。生产费用与一定的期间相联系，而与生产的产品无关；产品成本与一定品种和数量的产品相联系，而不论发生在哪一期。最后，应当分清生产费用与期间费用的界限。生产费用应当计入产品成本，而期间费用直接计入当期损益。

费用的确认除了应当符合定义外，也应当满足严格的条件，即费用只有在经济利益很可能流出从而导致企业资产减少或者负债增加，经济利益的流出额能够可靠计量时才能予以确认。因此，费用的确认至少应当符合以下条件：

一是与费用相关的经济利益应当很可能流出企业；

二是经济利益流出企业的结果会导致资产的减少或者负债的增加；

三是经济利益的流出额能够可靠计量。

三、分 类

(一) 按经济内容分类

(1) 外购材料：企业为进行生产经营管理而耗用的从外部购入材料物资所发生的费用，包括购买原材料、半成品、辅助材料、包装物、修理用备件和低值易耗品等。如购入原钢、焊管等。

(2) 外购燃料：企业为进行生产经营管理而耗用的从外部购入燃料所发生的费用。如购入煤炭等。

(3) 外购动力：企业为进行生产经营管理而耗用的从外部购入动力所发生的费用。如电力的支出。

(4) 工资及职工福利费：企业按照一定的标准支付给职工的应计入成本和费用的薪酬费用，主要包括按职工为企业提供服务的数量和质量发放给职工的工资和奖金等，以及按照工资总额的一定比例计提的职工福利费等。

(5) 折旧费：企业按照选用的折旧方法和确定的折旧率计算提取并计入成本和费用的固定资产折旧额。

(6) 利息支出：企业应计入成本费用的利息之初减去利息收入后的净额，包括短期借款利息费用、发行企业债券应付利息费用，以及利用借款进行项目建设所发生的借款费用。

(7) 税金：企业应计入成本费用的各种税金及有关费用，包括营业税金及附加和所得税费用等。

(8) 其他费用：指不属于以上各种费用要素的费用支出。

按上列费用要素反映的费用就称为要素费用。

例 10-2：火凤凰公司 2015 年 4 月耗用天然气 461 354 元，消耗工业盐 3 457 元，计提工人工资 36 745 元，支付银行账户维护费 30 元，这些都属于公司的费用。

（二）按经济用途分类

1. 生产成本

生产成本是指企业为生产一定种类和数量的产品所发生的费用，即产品成本项目直接材料、直接人工和制造费用的总和。

（1）直接材料：是产品在生产中消耗的各种材料物资的货币表现。

（2）直接人工：主要由工资和福利费两个部分组成。工资是企业支付给直接从事产品生产的工人的劳动报酬；福利费是指企业根据国家的有关规定，按工资总额的一定比例计算提取，提取后可以计入产品成本或有关费用，通过产品的销售收回后专门用于职工福利方面的资金。

（3）制造费用：制造费用是与产品生产的管理直接有关，发生后不能够直接计入产品生产成本的费用。包括车间管理人员的工资、福利费、设备使用费（折旧费、修理费）和使用水电费等。

2. 期间费用

期间费用是指不计入产品生产成本、直接计入发生当期损益的费用，包括销售费用、财务费用和管理费用。

（1）销售费用：指企业在销售产品、自制半成品和提供劳务等过程中发生的各项费用。包括由企业负担的包装费、运输费、广告费、装卸费、保险费、委托代销手续费、展览费、租赁费（不含融资租赁费）和销售服务费、销售部门人员工资、职工福利费、差旅费、折旧费、修理费、物料消耗、低值易耗品摊销以及其他经费等。与销售有关的差旅费应计入销售费用。

（2）财务费用：指企业在生产经营过程中为筹集资金而发生的筹资费用。包括企业生产经营期间发生的利息支出（减利息收入）、汇兑损益（有的企业如商品流通企业、保险企业进行单独核算，不包括在财务费用）、金融机构手续费，企业发生的现金折扣或收到的现金折扣等。但在企业筹建期间发生的利息支出，应计入开办费；为购建或生产满足资本化条件的资产发生的应予以资本化的借款费用，在"在建工程""制造费用"等账户核算。

（3）管理费用：企业行政管理部门为组织和管理生产经营活动而发生的各项费用。管理费用属于期间费用，在发生的当期就计入当期的损失或是利益。公司经费、职工教育经费、业务招待费、税金、技术转让费、无形资产摊销、咨询费、诉讼费、开办费摊销、上缴上级管理费、劳动保险费、待业保险费、董事会会费、财务报告审计费、筹建期间发生的开办费以及其他管理费用。管理费用公司经费：总部管理人员工资、职工福利费、差旅费、办公费、董事会会费、折旧费、修理费、物料消耗、低值易耗品摊销及其他公司经费；管理费用劳动保险费：指离退休职工的退休金、价格补贴、医药费（包括离退休人员参加医疗保险基金）、异地安家费、职工退职金、职工死亡丧葬补助费、抚恤费、按规定支付给离休干部的各项经费以及实行社会统筹基金；待业保险费指企业按照国家规定缴纳的待业保险基金；管理费用董事会会费是指企业最高权力机构及其成员为执行职能而发生的各项费用，包括差旅费、会议费等。

注：费用按经济用途进行分类，能够明确反映直接用于产品生产商的材料费用、工人工资，以及耗用于组织和管理生产经营活动上的各项支出各是多少，从而有助于企业了解费用计划、定额、预算等的执行情况，控制成本支出，加强成本管理和成本分析。

第二节　费用的计量及核算

一、生产成本

生产成本是生产单位为生产产品或提供劳务而发生的各项生产费用，包括各项直接支出和制造费用。直接支出包括直接材料（原材料、辅助材料、备品备件、燃料及动力等）、直接工资（生产人员的工资、补贴）、其他直接支出（如福利费）；制造费用是指企业内的分厂、车间为组织和管理生产所发生的各项费用，包括分厂、车间管理人员工资、折旧费、维修费、修理费及其他制造费用（办公费、差旅费、劳保费等）。

（1）企业发生的各项直接生产成本，借记本科目（基本生产成本、辅助生产成本），贷记"原材料""库存现金""银行存款""应付职工薪酬"等科目。

（2）各生产车间应负担的制造费用，借记本科目（基本生产成本、辅助生产成本），贷记"制造费用"科目。

（3）企业已经生产完成并已验收入库的产成品以及入库的自制半成品，应于期（月）末，借记"库存商品"等科目，贷记本科目（基本生产成本）。如下图所示。

例 10-3：火凤凰公司 4 月发出材料：生产焊管耗用 45 000 元，生产亚硝酸耗用 38 000 元，车间一般性消耗 3 000 元。

借：生产成本——A 产品	45 000	
——B 产品	38 000	
制造费用	3 000	
贷：原材料		86 000

例 10-4：火凤凰公司本月应付各类人员的工资数额为：生产焊管工人工资 30 000 元，生产亚硝酸工人工资 24 000 元；生产车间管理人员和技术人员工资 8 000 元。

借：生产成本——A 产品	30 000	

——B产品		24 000	
制造费用		8 000	
贷：应付职工薪酬		62 000	

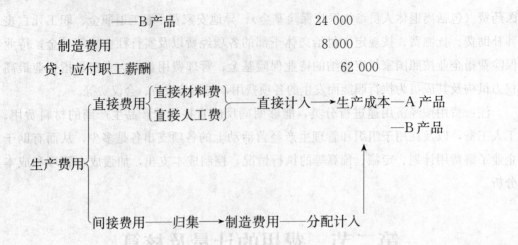

生产成本	成本类
(1) 企业发生的各项直接生产成本 (2) 期（月）末，分配的辅助生产成本 (3) 期（月）末，分配的制造费用	(1) 期（月）末，结转的企业已经生产完成并已验收入库的产成品以及入库的自制半成品成本
余额：企业尚未加工完成的在产品成本	

明细：按基本生产成本和辅助生产成本进行明细核算。

制造费用	成本类
(1) 车间发生的各项间接费用	(1) 分配计入有关成本核算对象

除季节性的生产性企业外，本账户应无余额。

明细：按不同的生产车间、部门和费用项目进行明细核算。

表 10-1　　　　　　　　　　火凤凰公司记账凭证举例

摘　要	总账科目	明细科目	借方金额	贷方金额
10-1 支付厂区 4 月电费——咔唑洗涤车间	生产成本		153 246	
	燃料动力（原材料）			153 246
10-2 工业盐消耗——咔唑洗涤车间	生产成本		3 457	
	原材料			3 457

摘 要	总账科目	明细科目	借方金额	贷方金额
10-3 计提 2014 年 4 月机动车间工资薪金——机动车间	生产成本		86 788	
	应付职工薪酬			86 788
10-4 机动车间领用耗材、劳保等用品——机动车间	生产成本		11 202	
	辅助材料			11 202
10-5 制造费用分配——蒸馏车间	制造费用			209 056
	生产成本		209 056	
10-6 试生产阶段成本转入在建工程	生产成本			346 691
	在建工程		346 691	
合 计				

主管：　　　　　　复核：　　　　　　制单：

二、期间费用

(一) 销售费用

本科目核算企业销售商品和材料、提供劳务的过程中发生的各种费用，包括保险费、包装费、展览费和广告费、商品维修费、预计产品质量保证损失、运输费、装卸费等以及为销售本企业商品而专设的销售机构（含销售网点、售后服务网点等）的职工薪酬、业务费、折旧费等经营费用。

(1) 企业在销售商品过程中发生的包装费、保险费、展览费和广告费、运输费、装卸费等费用，借本科目，贷记"现金""银行存款"科目。

(2) 企业发生的为销售本企业商品而专设的销售机构的职工薪酬、业务费等经营费用，借记本科目，贷记"应付职工薪酬""银行存款""累计折旧"等科目。

(3) 期末，应将本科目余额转入"本年利润"科目，结转后本科目应无余额。

例 10-5：火凤凰公司用银行存款支付产品保险费 5 000 元。

借：销售费用——保险费　　　　　　5 000

　　贷：银行存款　　　　　　　　　　　　5 000

例 10-6：火凤凰公司用银行存款支付产品广告费 3 000 元。

借：销售费用——广告费　　　　　　3 000

　　贷：银行存款　　　　　　　　　　　　3 000

例 10-7：火凤凰公司用现金支付应由本公司负担的销售 A 产品的运输费 600 元。

借：销售费用——运输费   600

     贷：库存现金   600

例 10-8： 火凤凰公司本月分配专设销售机构的职工工资 4 000 元。

借：销售费用——工资   4 000

     贷：应付职工薪酬   400

例 10-9： 火凤凰公司本月按专设销售机构职工工资的总额提取职工福利费 560 元。

借：销售费用——职工福利   560

     贷：应付职工薪酬   560

例 10-10： 火凤凰公司计算出专设销售机构使用房屋应提取的折旧 540 元。

借：销售费用——折旧费   540

     贷：累计折旧   540

销售费用		损益类
(1) 企业在销售商品过程中发生的费用 (2) 企业发生的为销售本企业商品而专设的销售机构的经营费用		

期末：应将本账户余额转入"本年利润"账户，结转后本账户无余额。

明细：按费用项目进行明细核算。

（二）管理费用

本科目核算公司经费、职工教育经费、业务招待费、税金、技术转让费、无形资产摊销、咨询费、诉讼费、开办费摊销、上缴上级管理费、劳动保险费、待业保险费、董事会会费、财务报告审计费、筹建期间发生的开办费以及其他管理费用。

管理费用公司经费：总部管理人员工资、职工福利费、差旅费、办公费、董事会会费、折旧费、修理费、物料消耗、低值易耗品摊销及其他公司经费。

管理费用劳动保险费：指离退休职工的退休金、价格补贴、医药费（包括离退休人员参加医疗保险基金）、异地安家费、职工退职金、职工死亡丧葬补助费、抚恤费、按规定支付给离休干部的各项经费以及实行社会统筹基金；待业保险费指企业按照国家规定缴纳的待业保险基金。

管理费用董事会会费：指企业最高权力机构及其成员为执行职能而发生的各项费用，包括差旅费、会议费。

企业应通过"管理费用"科目，核算管理费用的发生和结转情况。该科目借方登记企业发生的各项管理费用，贷方登记期末转入"本年利润"科目的管理费用，结转后该科目应无余额。该科目按管理费用的费用项目进行明细核算。

企业在筹建期间发生的开办费，包括人员工资、办公费、培训费、差旅费、印刷费、注册登记费等，借记"管理费用"科目，贷记"银行存款"科目；企业行政管理部门人员的职工薪酬，借记"管理费用"科目，贷记"应付职工薪酬"科目；企业按规定计算确定的应交房产税、车船税、土地使用税、矿产资源补偿费、印花税，借记"管理费用"科目，贷记"应交税费"等科目；企业行政管理部门发生的办公费、水电费、差旅费等以及企业发生的业务招待费、咨询费、研究费用等其他费用，借记"管理费用"科目，贷记"银行存款""研发支出"等科目。期末，应将"管理费用"科目余额转入"本年利润"科目，借记"本年利润"科目，贷记"管理费用"科目。

管理费用在会计核算上是作为期间费用核算的，企业发生的管理费用，在"管理费用"科目核算，并在"管理费用"科目中按费用项目设置明细账，进行明细账核算。期末"管理费用"科目的余额结转"本年利润"科目后无余额。

例 10-11： 火凤凰公司用银行存款支付业务培训费 8 000 元。

借：管理费用——培训费　　　　　　　　　8 000

　　贷：银行存款　　　　　　　　　　　　　　　　8 000

例 10-12： 火凤凰公司用银行存款支付企业管理部门用水电费 5 600 元。

借：管理费用——水电费　　　　　　　　　5 600

　　贷：银行存款　　　　　　　　　　　　　　　　5 600

例 10-13： 火凤凰公司用银行存款支付资产评估中介机构费 8 000 元。

借：管理费用——聘请中介机构费　　　　　9 000

　　贷：银行存款　　　　　　　　　　　　　　　　9 000

例 10-14： 火凤凰公司用现金支付业务招待费 600 元。

借：管理费用——业务招待费　　　　　　　　600

　　贷：库存现金　　　　　　　　　　　　　　　　 600

例 10-15： 火凤凰公司本月计提企业管理部门使用的固定资产折旧费 6 000 元。

借：管理费用——折旧费　　　　　　　　　6 000

　　贷：累计折旧　　　　　　　　　　　　　　　　6 000

例 10-16： 火凤凰公司本月分配企业管理人员工资 12 000 元，提取福利费 1 680元。

借：管理费用——工资及福利费　　　　　 13 680

　　贷：应付职工薪酬　　　　　　　　　　　　　 13 680

	管理费用	损益类
(1) 企业在筹建期间内发生的开办费 (2) 行政管理部门发生的组织管理费用 (3) 按规定计算确定的费内税		

期末：应将本账户余额转入"本年利润"账户，结转后本账户无余额。

明细：按费用项目进行明细核算。

(三) 财务费用

企业发生的财务费用在"财务费用"科目中核算，并按费用项目设置明细账进行明细核算。企业发生的各项财务费用借记"财务费用"科目，贷记"银行存款""预提费用"等科目；企业发生利息收入、汇兑收益时，借记"银行存款"等科目，贷记"财务费用"科目。月终，将借方归集的财务费用全部由"财务费用"科目的贷方转入"本年利润"科目的借方，计入当期损益。结转当期财务费用后，"财务费用"科目期末无余额。

"财务费用"科目的核算规则是：发生的财务费用，借记本科目，贷记相关对应科目；发生的应冲减财务费用的利息收入、汇兑收益，则借记相关对应科目，贷记本科目；期末应将本科目的余额转入"本年利润"科目。在利润表中，单设"财务费用"项目反映企业发生的财务费用，并根据"财务费用"科目的发生额，即期末结转的余额分析填列。

例 10 - 17：火凤凰公司用银行存款支付应由本月负担的短期借款利息 1 500 元。

借：财务费用　　　　　　　　　　　　　　　　　　1 500

　　贷：银行存款　　　　　　　　　　　　　　　　　1 500

例 10 - 18：火凤凰公司用银行存款支付在银行办理业务的手续费 500 元。

借：财务费用　　　　　　　　　　　　　　　　　　500

　　贷：银行存款　　　　　　　　　　　　　　　　　500

例 10 - 19：火凤凰公司在销售产品中发生现金折扣（给予购买者）1 500 元，用银行存款支付。

借：财务费用　　　　　　　　　　　　　　　　　　4 500

　　贷：银行存款　　　　　　　　　　　　　　　　　4 500

例 10 - 20：火凤凰公司接到银行通知，本季度公司在银行的存款利息为 1 200 元。已划入公司的银行存款户。

借：银行存款　　　　　　　　　　　　　　　　　　1 200

　　贷：财务费用　　　　　　　　　　　　　　　　　　　1 200

财务费用	损益类
（1）企业发生的财务费用	（1）发生的应冲减财务费用的利息收入、汇兑差额、现金折扣等

　　期末：应将本账户余额转入"本年利润"账户，结转后本账户无余额。

　　明细：按费用项目进行明细核算。

表 10 - 2　　　　　　　　　　　火凤凰公司记账凭证举例

摘　　要	总账科目	明细科目	借方金额	贷方金额
10 - 7 营销部送客户礼品——营销部	销售费用		5 437	
	现金			5 437
10 - 8 安秀杰报销招待客户餐费——营销部	销售费用		300	
	现金			300
10 - 9 王斌报销招待费——营销部	销售费用		10 000	
	现金			10 000
10 - 10 结转车辆使用费	销售费用			7 500
	本年利润		7 500	
10 - 11 侯保民报销差旅费——营销部	销售费用		1 565	
	现金			1 565
10 - 12 赵小丽报销过路费——综合部	管理费用		6	
	现金			6
10 - 13 赵小丽报销业务招待费——综合部	管理费用		90	
	现金			90
10 - 14 车辆加油费——综合部	管理费用		100	
	现金			100
10 - 15 缴纳工伤保险——财务部	管理费用		200	
	银行存款			200
10 - 16 赵丰丽报销刘涛住院费——综合部	管理费用		4 289	

摘　要	总账科目	明细科目	借方金额	贷方金额
	银行存款			4 289
10-17 赵军方报销购买打印纸——厂部	管理费用		5 350	
	其他应付款			5 350
10-18 孙建丽报销员工生日蛋糕款——综合部	管理费用		500	
	应付职工薪酬			500
10-19 赵军方报销差旅费——厂部	管理费用		1 536	
	其他应付款			1 536
10-20 赵军方报销评估费——厂部	管理费用		50 000	
	其他应付款			50 000
10-21 转款手续费	财务费用		10	
	银行存款			10
10-22 汇款手续费	财务费用		88	
	银行存款			88
10-23 账户维护费	财务费用		30	
	银行存款			30
10-24 兴业银行购支票手续费	财务费用		30	
	银行存款			30
10-25 手续费结转	财务费用			897
	本年利润		897	
10-26 李会永报销购买支票及手续费	财务费用		60	
	现金			60

主管：　　　　　　复核：　　　　　　制单：

三、实务注意问题

(一) 费用产生结果

费用既然是属于与收入有关的合理支出的范畴，那么费用的发生从逻辑推理的角度来看，必然产生一定的结果，如广告费用的发生通常会促进企业主营业务收入的增长，运输费的发生必然与特定货物的流动相关联，业务差旅费用的发生必然与生意往来或管理活动相关联，换言之，费用的产生和存在既然是一种必然，是一种合理的支出，那么这种必然和合理就应体现在费用的发生能帮助企业实现营业目的，帮助企业实现企业目标，如企业连续长期地列支某项具体费用，但又从未取得与之具体费用相对应的收入或其他相关目标实现，那么，其费用的真实性是值得怀疑的，比如一个小企业取得从某财务公司开具的大额咨询费用，而该费用金额占整个期间费用的 40%，而该企业并未委托财务公司做账，即使有咨询业务发生，也不可能会支付那么大的金额，那这一笔支出可能就是虚开费用发票进行虚假列支。

（二）费用发生时间

费用单证是证明某项经济事项过程发生的原始凭证，费用的发生时间必然与具体经济业务过程发生的时间相关联，费用单证取得时间与具体经济事项发生时间有三种情况，一是前期取得，二是期中取得，三是后期取得，其中前期取得费用单证、后期取得费用单证，其取得费用单证的时间与经济事项实际发生的时间通常不能相差太久，否则不大符合商业法则，因为通常取得费用单证可能意味着发生现金支出；另外时间的相关性，还体现在费用单证的入账时间与费用单证的取得时间也不能跨期太大，如某企业 11 月报销一笔费用，费用单证上发票日期是年初 2 月，费用单证的发生时间与报销时间相差近一年，这就不符合常理，如果企业没有特别的理由说明，那这笔费用的真实性就值得怀疑，很有可能是企业从其他非法渠道取得的虚假费用或置换费用的列支，另外，费用的发生时间与其业务淡旺季有关，如一些中介机构，其交通费、汽车费的发生时间应集中在业务旺季，如果在业务淡季却有大量的交通费用发生，这可能就是虚列而用于置换的费用，另外，对于季节性生产和季节性采购的企业，都有与其季节性生产或采购相匹配的相关费用发生。

在对费用发生时间进行相关性认定时，还要对费用的会计处理是否符合权责发生制原则进行审查，是否正常地预提和待摊，是否提前或滞后扣除费用，因为是否遵循权责发生制原则列支扣除费用，涉及企业利润的前后不实问题，并进而对企业所得税产生影响，有可能是企业运用瞒天过海法偷税的一种手段。

（三）费用单证来源

费用单证是证明某项经济事项过程发生的原始凭证，费用单证的来源地域必然与具体经济业务过程发生的地域相关联，比方说某人去深圳出差，报销的住宿发票只能是深圳旅馆酒店业的发票，绝对不能是用湖南的发票来报销，还有企业报销的办公费用，应是企业办公经营所在地市的发票，一般情况下不可能是贵阳的企业报销从贵州德江县某百货超市开具的办公用品发票，这就是费用单证来源地域的相关性。

企业列支的费用单证，应该是有能力经营这项业务的企业开具的发票，比如某企业发生一笔 ISO 9002 质量认证辅费用，其发票开具方必然是实施辅导的专业管理公司，而不能是某贸易公司开具的发票，一个机械加工企业账面报销一笔机械上配套使用的刀具，应从专业经营机器五金耗材工具刀具的贸易公司购进并取得发票，不可能从专业的日用品零售商场取得发票报销,这就是费用单证与其发票来源的企业行业的相关性。

(四) 相对比率

在企业规模一定的情况下,或在企业发展的不同阶段,企业发生的总体费用水平或某类费用发生的金额大小有其自然规律,按照管理会计学的观点,企业发生的费用分为固定费用和变动费用,用公式表示为:$A=B+XC$,其中 A 是费用总额,B 是固定费用,C 是单位变动费用,X 代表产量或与产量对应的营业指标(如收入指标等),从这个公式来看,当企业处于一定的营业规模时,其费用总体水平是大体能够估算的,这个公式也可以用于某项具体费用的量化,如销售人员的差旅费通常与企业的销售规模相适应,但又不是呈正比例的关系,企业可根据其长期指标统计得出销售人员差旅费的上述函数模式,如某企业报销办公费用应与其经营规模相适应,一个小企业不可能动不动就报销三五万元的办公费用,这就是费用金额大小与营业规模的相关性;企业的总体费用是由各种具体的费用所构成的,对一些常规的费用与企业的营业规模有一定的比例关系,从长期来看,这种比例是按照一定的趋势变动的,比方说广告费,在产品投放市场的初期,企业投入的广告费的比例较大,在产品的成熟期,企业投入的广告费的比例可能较小,这就是费用的相对比率与企业营业规模的相关性。

如果企业有虚列费用,那么企业在虚列费用时,如虚列的金额过大,虚列的范围过广,自然就会打破这种费用列支的相关性标准,对企业列支费用的相关性审查认定,通常是执法机关及审计税审人员,对企业进行费用审查的一个重要突破口,也是审计审查实务中经常运用的一种审计方法。

本章涉及的 T 型账户汇总如下:

生产成本				原材料			
153 246		346 691					153 246
3 457							3 457
86 788							11 202
11 202							
209 056							
合计	117 058	合计		合计		合计	167 905

应付职工薪酬	
	86 288
	500
合 计	合 计 86 788

制造费用	
	209 056
合 计	合 计 209 056

在建工程	
346 691	
合 计 346 691	合 计

销售费用	
5 437	7 500
300	
10 000	
1 565	
合 计 9 802	合 计

现金	
	5 437
	300
	10 000
	1 565
	6
	90
	100
	60
合 计	合 计 17 558

本年利润	
7 500	
897	
合 计 8 397	合 计

管理费用

借方	贷方
6	
90	
100	
200	
4 289	
5 350	
500	
1 536	
50 000	
合计　62 071	合计

银行存款

借方	贷方
	200
	4 289
	10
	88
	30
	30
合计	合计　4 647

其他应付款

借方	贷方
	5 350
	1 530
	50 000
合计	合计　56 880

财务费用

借方	贷方
10	897
88	
30	
30	
60	
合计	合计　679

 **本章任务**

1. 学习成本费用的规则，简要了解成本会计学的内容。

2. 区分经济上的费用和会计上的费用。

3. 研读费用和利润的对接关系。

4. 火凤凰公司 2015 年 1 月发生如下经济业务：①无形资产研究费用 10 万元；②发生专设销售部门人员工资 25 万元；③支付业务招待费 15 万元；④支付销售产品保险费 5 万元；⑤本月应缴纳的城市维护建设税 0.5 万元；⑥计提投资性房地产折旧 40 万元；⑦支付本月未计提短期借款利息 0.1 万元。问这些业务应计入哪项费用。

5. 火凤凰公司为增值税一般纳税人，适用的增值税税率为 17%。2013 年 3 月发生与职工薪酬有关的交易或事项如下：①对行政管理部门使用的设备进行日常维修，应付企业内部维修人员工资 1.2 万元；②对以经营租赁方式租入的生产线进行改良，应付企业内部改良工程人员工资 3 万元；③为公司总部下属部门经理每人配备汽车一辆免费使用，假定每辆汽车每月折旧 0.08 万元；④将 50 台自产的 V 型厨房清洁器作为福利分配给本公司行政管理人员。该厨房清洁器每台生产成本为 1.2 万元，市场售价为 1.5 万元（不含增值税）；⑤月末，分配职工工资 150 万元，其中直接生产产品人员工资 105 万元，车间管理人员工资 15 万元，企业行政管理人员工资 20 万元，专设销售机构人员工资 10 万元；⑥以银行存款缴纳职工医疗保险费 5 万元；⑦按规定计算代扣代交职工个人所得税 0.8 万元；⑧以现金支付职工李某生活困难补助 0.1 万元；⑨从应付张经理的工资中，扣回上月代垫的应由其本人负担的医疗费 0.8 万元。请问这些业务应计入哪项费用？

第十一章　收　入

第一节　收入的定义及分类

一、定　义

收入是企业在日常活动中所形成的、会导致所有者权益增加的、非所有者投入资本的经济利益的总流入，包括销售商品收入、劳务收入、让渡资产使用权收入、利息收入、租金收入、股利收入等，但不包括为第三方或客户代收的款项。

二、特　征

(1) 收入从企业的日常活动中产生，而不是从偶发的交易或事项中产生；

(2) 收入是与所有者投入资本无关的经济利益总流入；

(3) 收入必然能导致企业所有者权益的增加；

(4) 收入只包括本企业经济利益的流入，不包括为第三方或客户代收的款项。

三、构　成

主营业务：销售商品、自制半成品、代制品、代修品以及提供工业性劳务等。

其他业务：销售材料，出租包装物、固定资产、无形资产、商品，用材料进行非货币性交换或债务重组等。

四、分类确认条件

(一) 收入按交易的性质，可分为销售商品收入、提供劳务收入、让渡资产使用权收入

1. 销售商品收入

(1) 企业已将商品所有权上的主要风险和报酬转移给购货方。

①商品所有权上的风险和报酬；

②商品所有权上的主要风险和报酬是否已转移的判断。

（2）企业既没有保留通常与所有权相联系的继续管理权，也没有对已售出的商品实施控制。

（3）与交易相关的经济利益很可能流入企业。

①与交易相关的经济利益主要表现为销售商品的价款；计量：按照从购货方已收或应收的合同或协议价款确定收入金额。公式如下：

$$销售收入＝不含税单价×销售数量－销售退回－销售折让$$

②实务中，企业售出的商品符合合同或协议规定的要求，并已将发票账单交付买方，买方也承诺付款，即表明销售商品的价款能够收回；

③如企业判断价款不能收回，应提供可靠的证据。

（4）相关的收入和成本能够可靠地计量。

①收入能否可靠地计量，是确认收入的基本前提；

②成本不能可靠计量，即使其他条件均已满足，相关的收入也不能确认。

2. 提供劳务收入

企业在资产负债表日提供劳务交易的结果能够可靠估计的，采用完工百分比法确认提供劳务收入。

（1）提供劳务交易结果能够可靠估计的条件。

①收入的金额能够可靠地计量，是指提供劳务收入的总额能够合理地估计；

②相关的经济利益很可能流入企业，是指劳务收入总额收回的可能性大于不能收回的可能性；

③交易的完工进度能够可靠地确定，是指交易的完工进度能够合理地估计；

④交易中已发生和将发生的成本能够可靠地计量，是指交易中已经发生和将要发生的成本能够合理地估计。

（2）完工百分比的具体应用。

完工百分比法，是指按照提供劳务交易的完工进度确认收入和费用的方法。

企业应当在资产负债日按照提供劳务收入总额乘以完工进度，扣除以前会计期间累计已确认提供劳务收入后的金额确认当期劳务收入；同时，按照提供劳务估计总成本乘以完工进度，扣除以前会计期间累计已确认劳务成本后的金额结转当期劳务成本。公式如下：

本期确认的收入＝劳务总收入×本期末止劳务的完工进度－以前期间已确认的收入

3. 让渡资产使用权收入

（1）让渡资产使用权收入同时满足下列条件的，才能予以确认：

①相关的经济利益很可能流入企业；

②收入的金额能够可靠地计量。

（2）让渡资产使用权收入的计量。

①利息收入：主要是指金融企业对外形成的利息收入，以及同业之间发生往来形成的利息收入，企业应在资产负债表日，按照他人使用本企业货币资金的时间和实际利率计算确定利息收入总额。

②使用费收入：主要是指企业转让无形资产（如商标权、专利权、专营权、软件、版权）等资产的使用权形成的使用费收入，应当按照有关合同或协议约定的收费时间和方法计算确定。

（二）收入按其在经营业务中所占的比重，可分为主营业务收入和其他业务收入

主营业务收入：来自企业为完成其经营目标而从事的日常活动中的主要项目，如销售商品、自制半成品、代制品、代修品以及提供工业性劳务等。

其他业务收入：来自主营业务以外的其他日常活动，如销售材料，出租包装物、固定资产、无形资产、商品，用材料进行非货币性交换或债务重组等。

第二节　收入分类的会计核算

一、一般销售商品业务

（一）主营业务收入

在进行销售商品的会计处理时，首先要考虑销售商品收入是否符合收入确认条件。

通常情况下，销售商品采用托收承付方式的，在办妥托收手续时确认收入。

交款提货销售商品的，在开出发票账单收到货款时确认收入。交款提货销售商品是指购买方已根据企业开出的发票账单支付货款并取得提货单的销售方式。在这种方式下，购货方支付货款取得提货单，企业尚未交付商品，销售方保留的是商品所有权上的次要风险和报酬，商品所有权上的主要风险和报酬已经转移给购货方，通常应在开出发票账单收到货款时确认收入。

例 11-1：火凤凰公司向腾阳公司销售焊管一批：其生产成本为 120 000 元，销售价格为 150 000 元，销项税额为 25 500 元；商定乙公司于 30 日内付款。

销售商品收入在确认时：

借：应收账款（应收票据、银行存款）　　　175 500
　　贷：主营业务收入　　　　　　　　　　　　　150 000
　　　　应交税费——应交增值税（销项税额）　　25 500

同时要结转成本：

借：主营业务成本	120 000	
贷：库存商品		120 000

（二）已经发出但不符合销售商品收入确认条件的商品

如果企业售出商品不符合销售商品收入确认的五个条件中的任何一条，均不应确认收入。为了单独反映已经发出但尚未确认销售收入的商品成本，企业应增设"发出商品"科目。该科目核算一般销售方式下，已经发出但尚未确认销售收入的商品成本。

例 11-2：（接例 11-1）火凤凰公司在向腾阳公司销售焊管时，已知悉腾阳公司资金周转发生困难，近期内难以收回货款，但为了减少库存积压，仍将焊管发运给腾阳公司并开出发票账单。腾阳公司在 12 月给火凤凰公司开出一张面值 175 500 元，为期 6 个月的不带息商业汇票。次年火凤凰公司收回票款。

（1）当发出商品，不能确认收入时：

借：发出商品	120 000	
贷：库存商品		120 000

（2）若发出商品时，已经开出了增值税专用发票，则应确认应交销项税：

借：应收账款	25 500	
贷：应交税费——应交增值税（销项税额）		25 500

（3）收到票据，可以确认收入时，在确认收入的同时应该结转发出商品的成本：

借：应收票据	175 500	
贷：主营业务收入		150 000
应收账款——腾阳公司（应收销项税）		25 500
借：主营业务成本	120 000	
贷：发出商品		120 000

二、涉及现金折扣、商业折扣、销售折让

（1）商业折扣是指企业为促进商品销售而在商品标价上给予的价格扣除。企业销售商品涉及商业折扣的，应当按照扣除商业折扣后的金额确定销售商品收入金额。

（2）现金折扣是指债权人为鼓励债务人在规定的期限内付款而向债务人提供的债务扣除。注意：

①企业销售商品涉及现金折扣的，应当按照扣除现金折扣前的金额确定销售商品收入金额。现金折扣在实际发生时计入当期财务费用。

②在计算现金折扣时，还应注意销售方是按不包含增值税的价款提供现金折扣，还是按包含增值税的价款提供现金折扣，两种情况下购买方享有的折扣金额不同。

例 11-3：火凤凰公司赊销商品一批，售价 300 000 元，增值税 51 000 元，并附有相应的现金折扣条件：2/10，1/20，N/30。

（1）销售商品时：

借：应收账款 351 000

　　贷：主营业务收入 300 000

　　　　应交税费——应交增值税（销项税额） 51 000

　　　　银行存款（代垫运杂费、包装费等）

（2）收取货款时：

①买方在折扣期内付款（10 天）：

借：银行存款 343 980

　　财务费用（现金折扣数额） 7 020

　　贷：应收账款 351 000

②若买方未在折扣期内付款：

借：银行存款 351 000

　　贷：应收账款 351 000

（3）销售折让是指企业因售出商品的质量不合格等原因而在售价上给予的减让。

销售折让如发生在确认销售收入之前，则应在确认销售收入时直接按扣除销售折让后的金额确认；已确认销售收入的售出商品发生销售折让，且不属于资产负债表日后事项的，应在发生时冲减当期销售商品收入；如按规定允许扣减增值税税额的，还应冲减已确认的应交增值税销项税额。

例 11 - 4：火凤凰公司售给达兴公司一批商品，增值税发票上的售价 80 000 元，增值税额 13 600 元，货到后买方发现商品质量不合格，要求在价格上给予 5% 的折让。

①销售实现时，火凤凰公司应作如下会计分录：

借：应收账款——达兴企业 93 600

　　贷：主营业务收入 80 000

　　　　应交税费——应交增值税（销项税额） 13 600

②发出销售折让时：

借：主营业务收入 4 000

　　应交税费——应交增值税（销项税额） 680

　　贷：应收账款——达兴企业 4 680

③实际收到款项时：

借：银行存款 88 920

　　贷：应收账款——达兴企业 88 920

三、销售退回的处理

销售退回是企业售出的商品由于质量、品种不符合要求等原因而发生的退货。

（1）销售退回发生在收入确认之前：转回发出商品即可，即：

借：库存商品

　　贷：发出商品

（2）如果销售退回发生在收入确认之后，不管何时销售一般应冲减退回当月的销售收入（资产负债表日后事项除外），同时冲减退回当月的销售成本；企业发生退回，如按规定允许冲减退回当月销项税额的，同时用冲减应交税费－应交增值税（销项税），若该项销售退回已经发生现金折扣的，应同时调整相关财务费用的金额。

例 11－5：（接例 11－4）达兴公司要求退货。

①销售实现时，火凤凰公司应作如下会计分录：

借：应收账款——达兴企业　　　　　　　　　　93 600

　　贷：主营业务收入　　　　　　　　　　　　　80 000

　　　　应交税费——应交增值税（销项税额）　13 600

②发出销售退回时：

借：主营业务收入　　　　　　　　　　　　　　80 000

　　应交税费——应交增值税（销项税额）　　　13 600

　　贷：应收账款——达兴企业　　　　　　　　93 600

四、采用预收款方式销售商品

预收款销售商品，是指购买方在商品尚未收到前按合同或协议约定分期付款，销售方在收到最后一笔款项时才交货的销售方式。预收款销售方式下，销售方通常应在发出商品时确认收入，在此之前预收的货款应确认为预收账款。

例 11－6：预收正大工厂订购 B 产品的货款 500 000 元，存入银行。

借：银行存款　　　　　　　　　　　　　　　500 000

　　贷：预收账款——正大工厂　　　　　　　　500 000

向正大工厂发出 B 产品 70 台，发票注明的价款 1 400 000 元，增值税销项税额 238 000 元。原预收款不足，其差额部分当即收到并存入银行。

借：预收账款——正大工厂　　　　　　　　1 638 000

　　贷：主营业务收入　　　　　　　　　　　1 400 000

　　　　应交税费——应交增值税（销项税额）　238 000

补收正大公司剩余货款：

借：银行存款　　　　　　　　　　　　　　1 138 000

　　贷：预收账款　　　　　　　　　　　　　1 138 000

五、采用支付手续费方式委托代销商品

采用支付手续费方式委托代销商品是指委托方和受托方签订合同或协议，委托方

根据合同或协议约定向受托方计算支付代销手续费，受托方按照合同或协议规定的价格销售代销商品的销售方式。在这种销售方式下，委托方在发出商品时，通常不应确认销售商品收入，而应在收到受托方开出的代销清单时确认销售商品收入，同时将应支付的代销手续费计入销售费用；受托方应在代销商品销售后，按合同或协议约定的方法计算确定代销手续费，确认劳务收入。

例 11-7：火凤凰公司下属有一家零售企业接受代销 B 商品 600 件，委托方规定代销价为 60 元/件（含税），代销手续费为不含税代销额的 5%，增值税税率为 17%，代销手续费收入的营业税税率为 5%。

收到代销商品时（按含税代销价）：

借：受托代销商品——××部、组（B 商品）　　36 000

　　贷：代销商品款　　　　　　　　　　　　　　　　　36 000

代销商品全部售出时（本月 20 日代销商品全部售出，向委托单位报送代销清单，并向委托单位索要增值税专用发票。同时，计算代销商品的销项税额并调整应付账款和注销代销商品款和委托代销商品）：

代销商品销项税额＝600×60÷（1＋17%）×17%＝5231（元）

或 600×60×14.53%＝5231（元）

借：银行存款　　　　　　　　　　　　　　36 000

　　贷：应交税金——应交增值税（销项税额）　　　　5 231

　　　　应付账款　　　　　　　　　　　　　　　　30 769

借：代销商品款　　　　　　　　　　　　　36 000

　　贷：受托代销商品　　　　　　　　　　　　　　　36 000

收到委托单位的增值税专用发票时：

借：应交税金——应交增值税（进项税额）　　5 231

　　贷：应付账款　　　　　　　　　　　　　　　　　5231

开具代销手续费收入普通发票时：

代销手续费收入＝30769×5%＝1538（元）

借：应付账款　　　　　　　　　　　　　　1 538

　　贷：代购代销收入　　　　　　　　　　　　　　　1 538

划转扣除代销手续费后的代销价款时：

借：应付账款　　　　　　　　　　　　　　34 462

　　贷：银行存款　　　　　　　　　　　　　　　　　34 462

计算并结转代销手续费收入应纳的营业税时：

借：代购代销收入　　　　　　　　　　　　76.90

　　贷：应交税金——应交营业税　　　　　　　　　　76.90

六、销售材料等存货

企业确认的除主营业务活动以外的其他经营活动实现的收入，包括出租固定资产、出租无形资产、出租包装物和商品、销售材料、用材料进行非货币性交换（非货币性资产交换具有商业实质且公允价值能够可靠计量）或债务重组等实现的收入，通过"其他业务收入"科目核算。本科目可按其他业务收入种类进行明细核算。

期末，应将本科目余额转入"本年利润"科目，结转后本科目应无余额。

企业确认的其他业务收入，借记"银行存款""其他应收款"等科目，贷记"其他业务收入"科目等。

注意，在原准则下，企业在核算其他业务收入时，与实现其他业务收入相关的一些税费的支出，一般是通过"其他业务成本"核算的（增值税除外），而不是通过"主营业务税金及附加"科目来核算。新准则把"主营业务税金及附加"科目改为"营业税金及附加"科目，其核算范围扩大了，与实现其他业务收入相关的一些税费的支出，可以通过"营业税金及附加"科目核算。

（1）企业销售原材料、包装物等存货实现的收入以及结转的相关成本，通过"其他业务收入""其他业务成本"科目核算。

例 11 - 8：火凤凰公司销售一批原材料，价款 28 000 元，增值税 4 760 元，款项收到存入银行。

借：银行存款　　　　　　　　　　　　　　32 760
　贷：其他业务收入　　　　　　　　　　　　　28 000
　　　应交税费——应交增值税（销项税额）　　　4 760

（2）企业出租固定资产、无形资产、包装物和商品等收入通过"其他业务收入"核算；出租固定资产的摊销额、出租无形资产的摊销额、出租包装物的成本或摊销额通过"其他业务成本"核算。

例 11 - 9：火凤凰公司出租包装物，收到租金 7 020 元（含税）存入银行。

借：银行存款　　　　　　　　　　　　　　　7 020
　贷：其他业务收入　　　　　　　　　　　　　6 000
　　　应交税费——应交增值税（销项税额）　　　1 020

例 11 - 10：火凤凰公司 2015 年 4 月 5 日，甲企业将其一台闲置的固定资产出租给乙企业，一次性收取出租费 50 000，出租期限为 1 个月，款项已存入银行。营业税税率为 5%。甲企业账务处理为：

借：银行存款　　　　　　　　　　　　　　50 000
　贷：其他业务收入　　　　　　　　　　　　50 000
借：营业税金及附加　　　　　　　　　　　　2 500

贷：应交税费——应交营业税　　　　　　　　　　　　2 500

主营业务收入	损益类
(1) 本期（月）发生的销售退回或销售折让，应冲减的主营业务收入	(1) 企业本期（月）销售商品或提供劳务确认的主营业务收入 (2) 以库存商品进行非货币性资产交换（具有商业实质且公允价值能够可靠计量）、债务重组的，按该产成品、商品的公允价值确认收入 (3) 确认的建造合同收入

期末：应将本账户余额转入"本年利润"账户，结转后本账户无余额。

明细：按主营业务的种类进行明细核算。

主营业务成本	损益类
(1) 企业根据本期（月）销售商品或提供劳务等实际成本，计算结转的主营业务成本 (2) 企业应确认的建造合同费用	(1) 本期（月）发生的已结转销售成本的销售退回

期末：应将本账户余额转入"本年利润"账户，结转后本账户无余额。

明细：按主营业务的种类进行明细核算。

发出商品	资产类
(1) 未满足收入确认条件的发出商品的实际成本（或进价）或计划成本（或售价）	(1) 发生退回的发出商品的实际成本（或进价）或计划成本（或售价） (2) 发出商品满足收入确认条件时，应结转的销售成本
余额：企业发出商品的实际成本（或进价）或计划成本（或售价）	

明细：按购货单位、商品类别和品种进行明细核算。

其他业务收入		损益类
	(1) 企业确认的其他业务收入	

期末：应将本账户余额转入"本年利润"账户，结转后本账户无余额。

明细：按其他业务收入的种类进行明细核算。

其他业务成本		损益类
(1) 月度终了结转发生的其他业务成本	(1) 出租包装物，不能使用而报废时的残料价值	

期末：应将本账户余额转入"本年利润"账户，结转后本账户无余额。

明细：按其他业务成本的种类进行明细核算。

火凤凰公司记账凭证举例

摘　要	总账科目	明细科目	借方金额	贷方金额
11-1 销售邯郸黑猫蒽油 853.14 吨	应收账款		2 900 675	
	主营业务收入			2 479 210
	增值税（销项税）			421 465
11-2 二月发往邯郸黑猫商品 694.85 吨确认 694.22 吨收入	应收账款		2 360 347	
	主营业务收入			2 017 391
	增值税（销项税）			342 956
11-3 期间损益结转	主营业务收入		4 784 340	
	本年利润			4 784 340
11-4 三月发往龙星化工 599.52 吨蒽油确认 598.2 吨收入	应收账款		1 763 923	
	主营业务收入			1 763 923
11-5 销售江西紫荆颜料咔唑 17.85 吨	应收账款		610 256	
	其他业务收入			610 256
11-6 销售煤渣	现金		349	
	其他业务收入			349
11-7 期间损益结转	其他业务收入		349	
	本年利润			349

续　表

摘　要	总账科目	明细科目	借方金额	贷方金额
11-8 结转销售成本 1634.88 吨	库存商品			4 311 876
	主营业务成本		4 311 876	
11-9 期间损益结转	本年利润		4 311 876	
	主营业务成本			4 311 876
11-10 结转本月 2260.14 吨蒽油销售成本	库存商品			5 686 501
	主营业务成本		5 686 501	

主管：　　　　　　　　复核：　　　　　　　　制单：

本章涉及的 T 型账户汇总如下：

主营业务收入

4 784 340	2 479 210
	2 017 391
	1 763 923
合计	合计　1 476 184

增值税

	421 465
	342 956
合计	合计　764 421

应收账款

2 900 675	
2 360 347	
1 763 923	
610 256	
合计　7 635 201	合计

本年利润

4 311 876	4 784 340
	349
合计	合计　472 813

其他业务收入		
349	610 256	
	349	
合计	合计	610 256

现金		
	349	
合计	349	合计

库存商品		
	4 311 876	
	5 686 501	
合计	合计	9 998 377

主营业务成本		
4 311 876	4 311 876	
5 686 501	5 686 501	
合计	5 686 501	合计

 **本章任务**

1. 查阅资料，找出不同的收入方式。

2. 找出与收入相关的财务分析指标，并研究收入对这些财务指标的影响程度。

3. 火凤凰公司为增值税一般纳税人，适用的增值税税率为17%；2015年12月火凤凰公司发生下列经济业务：

（1）12月1日，火凤凰公司与A公司签订委托代销商品协议。协议规定，火凤凰公司以支付手续费方式委托A公司代销W商品100件，A公司对外销售价格为每件3万元，未出售的商品A公司可以退还给火凤凰公司；火凤凰公司按A公司对外销售价格的1%向A公司支付手续费，在收取A公司代销商品款时扣除。该W商品单位成本为2万元。

12月31日，火凤凰公司收到A公司开来的代销清单，已对外销售W商品60件；火凤凰公司开具的增值税专用发票注明：销售价格180万元，增值税额30.6万元；同日，火凤凰公司收到A公司交来的代销商品款208.8万元并存入银行，应支付A公司的手续费1.8万元已扣除。

（2）12月5日，收到B公司退回的X商品一批以及税务机关开具的进货退回相关证明，销售价格为 100 万元，销售成本为 70 万元；该批商品已于 11 月确认收入，但款项尚未收到，且未计提坏账准备。

(3) 12 月 10 日，与 C 公司签订一项为期 5 个月的非工业性劳务合同，合同总收入为 200 万元，当天预收劳务款 20 万元。12 月 31 日，经专业测量师对已提供的劳务进行测量，确定该项劳务的完工程度为 30%。至 12 月 31 日，实际发生劳务成本 40 万元（假定均为职工薪酬），估计为完成合同还将发生劳务成本 90 万元（假定均为职工薪酬）。该项劳务应交营业税税率为 5%（不考虑其他流转税费）。假定该项劳务交易的结果能够可靠地计量。

(4) 12 月 31 日，以本公司生产的产品作为福利发放给职工。发放给生产工人的产品不含增值税的公允价值为 200 万元，实际成本为 160 万元；发放给行政管理人员的产品不含增值税的公允价值为 100 万元，实际成本为 80 万元。产品已发放给职工。

要求：根据上述资料，回答下列第 (1) ～ (3) 题。

(1) 根据上述资料 (1)(2) 下列说法不正确的有 (   )。

A. 资料 (1) 火凤凰公司在收到代销清单时应确认收入 180 万元

B. 资料 (1) 火凤凰公司在收到代销清单时应确认收入 178.2 万元

C. 资料 (1) 火凤凰公司支付的手续费应确认为销售费用

D. 资料 (2) 收到退回商品时应冲减当月收入 100 万元

(2) 根据上述资料 (3)，下列说法不正确的有 (   )。

A. 资料 (3) 火凤凰公司年末应确认其他业务收入 60 万元

B. 资料 (3) 火凤凰公司由于该项业务应确认的营业利润为 18 万元

C. 资料 (3) 火凤凰公司由于该项业务应确认的营业利润为 38 万元

D. 资料 (3) 火凤凰公司 12 月 10 日预收的劳务款应该确认为收入

(3) 根据上述资料 (4)，下列说法不正确的有 (   )。

A. 资料 (4) 发放给生产工人的产品按照公允价值确认收入

B. 资料 (4) 发放给管理人员的产品按照实际成本结转到应付职工薪酬中

C. 资料 (4) 火凤凰公司应确认管理费用 100 万元

D. 资料 (4) 火凤凰公司不应确认收入

4. 2015 年，火凤凰公司委托乙公司销售商品 200 件，商品已经发出，每件成本为 60 元。合同约定乙公司应按每件 100 元对外销售，火凤凰公司按售价的 10% 向乙公司支付手续费。乙公司对外实际销售 100 件，开出的增值税专用发票上注明的销售价款为 10 000 元，增值税额为 1 700 元，款项已经收到。火凤凰公司收到乙公司开具的代销清单时，向乙公司开具一张相同金额的增值税专用发票。假定火凤凰公司发出商品时纳税义务尚未发生，不考虑其他因素。

要求：根据上述资料，回答下列问题。

（1）火凤凰公司确认商品销售收入的时点是（   ）。

A. 发出商品时　　　　　　　　B. 签订合同时

C. 收到受托方的销货款时　　　D. 收到受托方开来的代销清单时

（2）该项业务对于火凤凰公司 2013 年度利润总额的影响金额为（   ）元。

A. 3 000　　　　B. 4 000　　　　C. 5 000　　　　D. 6 000

（3）下列关于受托方乙公司的表述中，正确的有（   ）。

A. 收到商品时应借记"受托代销商品款"

B. 该项业务中乙公司实际需要缴纳的增值税

C. 乙公司取得的手续费收入应计入"其他业务收入"

D. 实现的销售收入 10 000 元应计入"应付账款"

5. 火凤凰公司销售产品一批，售价 5 万元，增值税率 17%，成本 26 000 元。合同规定现金折扣条件为 2/10、1/20、N/30，购买方于 20 日内付款，如果该批产品于第二年 5 月 10 日被退回，款项以银行存款划付，退回产品验收入库，产品成本按原来数额结转（按不含税价计算现金折扣）。

要求：根据资料，编制商品销售，收款及销售退回的会计分录。

6.1 月 20 日，根据合同约定，发给 M 公司乙产品 100 件，价款 20 万元，增值税 34 000 元，已办妥托收手续。发出产品后得知，M 公司目前遇到较大的财务困难，其货款及增值税收回的可能性较小。乙产品每件实际成本为 1 200 元。请做出相应的会计处理。

第十二章　利　润

第一节　利润的定义及形成

一、利润的定义

　　利润也称净利润或净收益。从狭义的收入、费用来讲，利润包括收入和费用的差额，以及其他直接计入损益的利得、损失。从广义的收入、费用来讲，利润是收入和费用的差额。利润按其形成过程，分为税前利润和税后利润。税前利润也称利润总额；税前利润减去所得税费用，即为税后利润，也称净利润。

　　利润可细分为毛利、纯利及除税前盈利，用以财务分析，了解企业的表现。毛利是销售收入减去售货的成本，毛利加上额外的收入再减去其他费用（例如，输出费用、薪金等）便是除税前纯利，扣去税项就是真正的纯利。它们都会被显示在购销损益账上，反映公司在某时期的营业额和相关的收入及支出。财务分析上，销售净利率、销售毛利率、资产净利率较为常用。

　　会计中的利润是指企业在一定会计期间的经营成果。利润包括收入减去费用后的净额、直接计入当期利润的利得和损失等。利润按其构成的不同层次可划分为：营业利润、利润总额和净利润。利润是衡量企业优劣的一种重要标志，往往是评价企业管理层业绩的一项重要指标，也是投资者等财务报告使用者进行决策时的重要参考。

二、利润的形成

　　将损益类账户余额转入"本年利润"，从而结算出利润，余额＞0说明企业盈利，需要计提所得税；余额＜0表示企业亏损，不需计提所得税。损益类账户转入"本年利润"时，要分别结转，编两个会计分录。

　　1. 结转收益类账户

　　借：主营业务收入

　　　　其他业务收入

　　　　营业外收入

投资收益

　　贷：本年利润

2. 结转费用类账户

借：本年利润

　　贷：主营业务成本

　　　　其他业务支出

　　　　主营业务税金及附加

　　　　营业外支出

　　　　管理费用

　　　　财务费用

　　　　销售费用

（1）损益类账户。

①用来反映营业损益的账户和反映营业税的账户。如"主营业务收入""主营业务成本""销售费用""营业税金及附加""管理费用""财务费用"等账户。这里的收入和费用之间有着直接配比或期间配比的关系。

②用来反映营业外收支的账户。如"营业外收入""营业外支出"账户。

③用来反映所得税的账户。如"所得税费用"账户。

注：收入类损益科目借方表示减少，贷方表示增加；成本、费用及税金类损益科目，借方表示增加，贷方表示减少。损益类科目结转后，期末没有余额。

（2）利润结转的两种方法。

表结法：各损益类账户每月月末只需结计出本月发生额和月末累计余额，不结转到"年利润"账户，只有在年末时才将全年累计余额转入"本年利润"账户。但每月月末要将损益类账户的本月发生额合计数填入利润表的本月数栏，同时将本月末累计余额填入利润表的本年累计数栏，通过利润表计算反映各期的利润（或亏损）。表结法下，年中损益类账户无须结转入"本年利润"账户，从而减少了转账环节和工作量，同时并不影响利润表的编制及有关损益指标的利用。

账结法：每月月末均需编制转账凭证，将在账上结计出的各损益类账户的余额转入"本年利润"科目。结转后"本年利润"科目的本月合计数反映当月实现的利润或发生的亏损，"本年利润"科目的本年累计数反映本年累计实现的利润或发生的亏损。账结法在各月均可通过"本年利润"科目提供当月及本年累计的利润（或亏损）额，但增加了转账环节和工作量。

例12-1：火凤凰公司2015年10月利润表中的损益类账户本月发生额。如下表所示。

火凤凰公司利润表中相关金额

损益类账户	10月发生额
主营业务收入	600 000
主营业务成本	300 000
营业税金及附加	30 000
其他业务收入	60 000
其他业务成本	45 000
管理费用	6 000
财务费用	3 000
销售费用	3 690
投资收益	16 800
营业外收入	13 500
营业外支出	9 900
所得税费用	25%

借：本年利润　　　　　　　　470 767.5

　贷：主营业务成本　　　　　300 000

　　　营业税金及附加　　　　30 000

　　　其他业务成本　　　　　45 000

　　　管理费用　　　　　　　6 000

　　　财务费用　　　　　　　3 000

　　　销售费用　　　　　　　3 690

　　　营业外支出　　　　　　9 900

　　　所得税费用　　　　　　73 177.5

借：主营业务收入　　　　　　600 000

　　其他业务收入　　　　　　60 000

　　投资收益　　　　　　　　16 800

　　营业外收入　　　　　　　13 500

　贷：本年利润　　　　　　　　690 300

第二节 利润的计算及核算

一、利润的计算公式

营业利润＝营业收入－营业成本－营业税金及附加－期间费用－资产减值损失±
公积价值变动净损益±投资收益（净损益）

其中，营业收入为主营业务收入与其他业务收入之和；营业成本为主营业务成本
与其他业务成本之和；期间费用是指企业在经营活动过程中发生的销售费用、管理费
用和财务费用。

利润总额＝营业利润＋营业外收入－营业外支出

净利润＝利润总额－所得税费用

例 12－2：（接例 12－1）对各个利润进行计算。

营业利润＝（600 000＋60 000）－（300 000＋45 000）－30 000－6 000－3 000－
3 690＋16 800＝289 110（元）

利润总额＝289 110＋13 500－9 900＝292 710（元）

所得税（或所得税费用）＝292 710×25％＝73 177.5（元）

净利润＝292 710－73 177.5＝219 532.5（元）

注：应付税款法。

由于会计和税收是经济领域中两个不同分支，分别遵循不同的原则，规范不同的
对象，而所得税的计算应按税法的规定，因此，我们必须将会计利润调整为税法利润。
（税法中有具体说明。应纳所得税额＝［利润总额＋（或－）税收调整项目］×适用税
率）所得税账户是损益类账户，只有损益类账户才转入本年利润，而"应交税金"是
负债账户。

提取所得税的会计分录：

借：所得税

　　贷：应交税金——所得税

结转所得税的会计分录：

借：本年利润

　　贷：所得税

二、利润分配、利润和利润分配的年终结转

利润分配是企业根据股东大会或类似权力机构批准的、对企业可供分配利润指定

其特定用途和分配给投资者的行为。公式如下：

可供投资者分配的利润＝净利润－弥补以前年度的亏损－提取的法定盈余公积－以前年度未分配利润－公积金转入数

本年末未分配利润＝可供投资者分配的利润－优先股股利－提取的任意盈余公积－普通股股利

（一）亏　损

（1）待以后会计年度利润来弥补亏损（无须账务处理）：

5年内可用税前利润弥补，5年内未补完的，从第6年起要用税后利润或盈余公积金弥补。

（2）利润的年终结转：

借：利润分配 ——未分配利润

　　贷：本年利润

（二）其他转入（用盈余公积弥补以前年度的亏损）

（1）用盈余公积弥补以前年度的亏损：

借：盈余公积

　　贷：利润分配——其他转入

（2）"利润分配—— 其他转入"的年终结转：

借：利润分配——其他转入

　　贷：利润分配——未分配利润

（三）盈　利

（1）可供分配的利润：

当年实现的净利润＋年初未分配利润（或一年初未弥补亏损）＋ 其他转入

（2）利润分配顺序：

A. 提取法定盈余公积金、公益金：

借：利润分配 ——提取公积金

　　贷：盈余公积——公积金（或公益金）

B. 提取任意盈余公积金（分录与A基本相同）：

C. 向投资人分配利润：

借：利润分配——应付股利

　　贷：应付股利

（3）利润的年终结转：

借：本年利润

　　贷：利润分配——未分配利润

（4）利润分配的年终结转：

借：利润分配——未分配利润

　　贷：利润分配——提取公积金

　　　　　　　　—— 应付股利（或应付利润）

注：年度终了，企业应将全年实现的净利润，自"本年利润"科目转入"利润分配——未分配利润"科目，并将"利润分配"科目下的其他有关明细科目的余额，转入"未分配利润"明细科目。结转后，"未分配利润"明细科目的贷方余额，就是累积未分配的利润数额；如为借方余额，则表示累积未弥补的亏损数额。结转后，本科目除"未分配利润"明细科目外，其他明细科目应无余额。

例 12 - 3：火凤凰公司年初未分配利润为 0，本年实现净利润 1 000 000 元，本年提取法定盈余公积 100 000 元，宣告发放现金股利 400 000 元。假定不考虑其他因素，火凤凰公司会计处理如下：

（1）结转本年利润：

借：本年利润　　　　　　　　　　　　　1 000 000

　　贷：利润分配——未分配利润　　　　　　　1 000 000

（2）提取法定盈余公积、宣告发放现金股利：

借：利润分配——提取法定盈余公积　　　100 000

　　　　　　——应付现金股利　　　　　400 000

　　贷：盈余公积　　　　　　　　　　　　　100 000

　　　　应付股利　　　　　　　　　　　　　400 000

借：利润分配——未分配利润　　　　　　500 000

　　贷：利润分配——提取法定盈余公积　　　100 000

　　　　　　　　——应付现金股利　　　　　400 000

（四）股利的核算

1. 股利支付的方式

（1）现金股利。现金股利是以现金支付的股利，它是股利支付的主要方式。

（2）财产股利。财产股利是以现金以外的资产支付的股利，主要是以公司所拥有的其他企业的有价证券，如债券、股票，作为股利支付给股东。

（3）负债股利。负债股利是公司以负债支付的股利，通常以公司的应付票据支付给股东，不得已情况下也有发行公司债券抵付股利的。财产股利和负债股利实际上是现金股利的替代。

（4）股票股利。股票股利是公司以增发的股票作为股利的支付方式。

2. 股利的账务处理

公司经股东大会决议，用盈余公积分配现金股利时，借记"盈余公积"科目，贷记

"应付股利"科目；用盈余公积分配股票股利，借记"盈余公积"科目，贷记"股本"科目。用盈余公积转增股本，借记"盈余公积"科目，贷记"股本"或"实收资本"科目。

例 12 - 4：分配给股东的现金股利 80 000 元，股票股利 100 000 元。

对于现金股利：

借：利润分配——应付现金股利　　　　　　　80 000

　　贷：应付股利　　　　　　　　　　　　　　　　80 000

对于股票股利：

借：利润分配——转作资本的股利　　　　　　100 000

　　贷：实收资本　　　　　　　　　　　　　　　　100 000

 **本章任务**

1. 理解收入和费用结转利润以及利润分配的会计核算流程。

2. 区分经济利润和会计利润。

3. 通过查阅资料，认识利润对企业的重要性。

4. 学习利润表的编制方法。

5. 火凤凰公司 2×12 年有关损益类科目的年末余额如下（该企业采用表结法年末一次结转损益类科目，所得税税率为 25%）：

科目名称	借或贷	结账前余额
主营业务收入	贷	6 000 000
其他业务收入	贷	700 000
公允价值变动损益	贷	150 000
投资收益	贷	600 000
营业外收入	贷	50 000
主营业务成本	借	4 000 000
其他业务成本	借	400 000
营业税金及附加	借	80 000
销售费用	借	500 000
管理费用	借	770 000
财务费用	借	200 000
资产减值损失	借	100 000
营业外支出	借	250 000

火凤凰公司 2×12 年年末结转本年利润应编制会计分录。

6. 具体如下。

(1) 根据下列业务编写会计分录。

(2) 计算本月实现的营业利润、利润总额、应交所得税和净利润。

[资料]：火凤凰公司 2013 年 12 月发生下列经济业务：

3 日，用存款缴纳上月应交所得税 63 000 元。

15 日，用存款向灾区捐款 50 000 元。

18 日，用存款支付违反有关税收规定的罚款 10 000 元。

20 日，将确实无法支付的应付账款 20 000 元转作营业外收入。

25 日，收到联营企业分来的投资利润 120 000 元存入银行。

31 日，收到 B 公司分来的投资利润 30 000 元存入银行。

31 日，结转收入类账户的余额：其中：主营业务收入 350 000 元，其他业务收入 10 000 元，投资收益 150 000 元，营业外收入 20 000 元。

31 日，结转费用类账户余额：其中：主营业务成本 210 000 元，销售费用 8 000 元，营业税金及附加 8 500 元，管理费用 34 500 元，财务费用 2 000 元，其他业务成本 7 000 元，营业外支出 60 000 元。

31 日，按本月实现利润总额的 25% 计算并结转应交所得说。

31 日，年末，结转全年实现的净利润 800 000 元。

31 日，按全年净利润的 10% 提取盈余公积 80 000 元。

31 日，经研究决定向投资者分配利润 500 000 元。

31 日，用存款支付投资者的利润 500 000 元。

7. 12 月有关损益类账户的余额如下：

主营业务收入 100 万元，主营业务成本 50 万元，营业税金及附加 10 万元，销售费用 10 万元，管理费用 4 万元，财务费用 3 万元，其他业务收入 10 万元，其他业务成本 5 万元，营业外收入 8 万元，营业外支出 16 万元。

要求：

(1) 计算本月营业利润、利润总额和净利润（所得税税率为 25%），并结转损益类各账户。

(2) 12 月 31 日一次结转全年实现的净利润（公司 1—11 月累计的净利润为 85 万元）。

(3) 12 月 31 日公司确定的全年净利润分配方案为：计提 10% 的法定盈余公积金，按净利润的 50% 向股东发放现金股利。

(4) 计算出年末未分配利润金额。

附利润核算示意图：

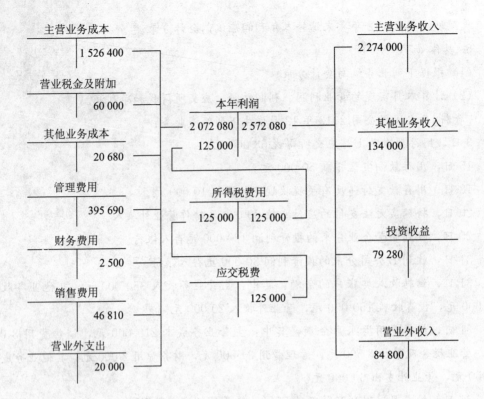

第十三章 企业税费

一般而言，企业首先是根据其经济性质和经营业务来确定企业应缴纳的税种和税率。而从交税的项目而言，大体要分为三项：流转税（包括营业税、增值税等）、所得税（包括企业所得税、个人所得税）和一些其他税种（包括消费税、资源税、房产税、城镇土地使用税、印花税、车船税等）。

第一节 流转税

流转税主要包括增值税、营业税、城市维护建设税、教育费附加税等。流转税是按企业的营业收入的百分比计征。

一、增值税

（一）定 义

增值税是对商品生产、流通、劳务服务中多个环节的新增价值或商品的附加值征收的一种流转税。在中华人民共和国境内销售货物或者提供加工、修理修配劳务以及进口货物的单位和个人，为增值税的纳税义务人。增值税税目如表13-1所示。

表 13-1　　　　　　　　　　增值税税目

三种情况	增值税税目	税率
一般纳税人	销售货物或提供加工、修理修配劳务以及进口货物	17%
	粮食、食用植物油	13%
	自来水、暖气、石油液化气、天然气等	13%
	图书、报纸、杂志	13%
	饲料、化肥、农药、农机、农膜	13%
	销售自来水、文物商店和拍卖行的货物、建筑用和生产建筑材料所用的砂、土、石料	6%

三种情况	增值税税目	税率
一般纳税人	运输发票上的运费金额	7%抵扣
	工厂回收的废旧物资	10%抵扣
小规模纳税人	工业企业和商业企业	3%

计算公式：应交增值税＝销项税额－进项税额

（二）账务处理

营改增是对服务业过去征收营业税改为征收增值税，从制度上解决营业税制下"道道征收，全额征税"的重复征税问题，实现增值税税制下的"环环征收、层层抵扣"，税制更科学、更合理、更符合国际惯例。营改增试点改革是继 1994 年分税制改革以来，又一次重大的税制改革，也是结构性减税的一项重要措施，有利于促进经济发展方式加快转变和经济结构战略性调整，改革试点意义重大，影响深远。

注：营改增后，纳税人最关心的是会计核算如何处理，对于原营业税的企业，未实行增值税，那么，营改增后，必须了解营改增会计核算办法。

1. 会计科目

企业应在"应交税金"科目下设置"应交增值税"明细科目。在"应交增值税"明细账中，应设置"进项税额""已交税金""销项税额""出口退税""进项税额转出"等专栏。

"进项税额"专栏，记录企业购入货物或接受应税劳务而支付的、准予从销项税额中抵扣的增值税额。企业购入货物或接受应税劳务支付的进项税额，用蓝字登记；退回所购货物应冲销的进项税额，用红字登记。

"已交税金"专栏，记录企业已缴纳的增值税额。企业已缴纳的增值税额用蓝字登记；退回多缴的增值税额用红字登记。

"销项税额"专栏，记录企业销售货物或提供应税劳务应收取的增值税额。企业销售货物或提供应税劳务应收取的销项税额，用蓝字登记；退回销售货物应冲销的销项税额，用红字登记。

"出口退税"专栏，记录企业出口适用零税率的货物，向海关办理报关出口手续后，凭出口报关单等有关凭证，向税务机关申报办理出口退税而收到的退回的税款。出口货物退回的增值税额，用蓝字登记；进口货物办理退税后发生退货或者退关而补缴已退的税款，用红字登记。

"进项税额转出"专栏，记录企业的购进货物、在产品、产成品等发生非正常损失以及其他原因而不应从销项税额中抵扣，按规定转出的进项税额。

2. 账务处理方法

(1) 企业在国内采购的货物，按照专用发票上注明的增值税额，借记"应交税金——应交增值税（进项税额）"科目；按照专用发票上记载的应计入采购成本的金额，借记"材料采购""商品采购""原材料""制造费用""管理费用""经营费用""其他业务支出"等科目；按照应付或实际支付的金额，贷记"应付账款""应付票据""银行存款"等科目。购入货物发生的退货，作相反的会计分录。

(2) 企业接受投资转入的货物，按照专用发票上注明的增值税额，借记"应交税金——应交增值税（进项税额）"科目；按照确认的投资货物价值（已扣增值税，下同），借记"原材料"等科目；按照增值税额与货物价值的合计数，贷记"实收资本"等科目。企业接受捐赠转入的货物，按照专用发票上注明的增值税额，借记"应交税金——应交增值税（进项税额）"科目；按照确认的捐赠货物的价值，借记"原材料"等科目；按照增值税额与货物价值的合计数，贷记"资本公积"科目。

(3) 企业接受应税劳务，按照专用发票上注明的增值税额，借记"应交税金——应交增值税（进项税额）"科目；按专用发票上记载的应计入加工、修理修配等货物成本的金额，借记"其他业务支出""制造费用""委托加工材料""加工商品""经营费用""管理费用"等科目；按应付或实际支付的金额，贷记"应付账款""银行存款"等科目。

(4) 企业进口货物，按照海关提供的完税凭证上注明的增值税额，借记"应交税金——应交增值税（进项税额）"科目；按照进口货物应计入采购成本的金额，借记"材料采购""商品采购""原材料"等科目；按照应付或实际支付的金额，贷记"应付账款""银行存款"等科目。

(5) 企业购进免税农业产品，按购入农业产品的买价和规定的扣除率计算的进项税额，借记"应交税金——应交增值税（进项税额）"科目；按买价扣除按规定计算的进项税额后的数额，借记"材料采购""商品采购"等科目；按应付或实际支付的价款，贷记"应付账款""银行存款"等科目。

(6) 企业购入固定资产，其专用发票上注明的增值税额计入固定资产的价值，其会计处理办法按现行有关会计制度规定办理。企业购入货物及接受应税劳务直接用于非应税项目，或直接用于免税项目以及直接用于集体福利和个人消费的，其专用发票上注明的增值税额，计入购入货物及接受劳务的成本，其会计处理方法按照现行有关会计制度规定办理。实行简易办法计算缴纳增值税的小规模纳税企业（以下简称小规模纳税企业）购入货物及接受应税劳务支付的增值税额，也应直接计入有关货物及劳务的成本，其会计处理方法按照现行有关会计制度规定办理。企业购入货物取得普通发票（不包括购进免税农业产品），其会计处理方法仍按照现行有关会计制度规定办理。

（7）企业销售货物或提供应税劳务（包括将自产、委托加工或购买的货物分配给股东或投资者），按照实现的销售收入和按规定收取的增值税额，借记"应收账款""应收票据""银行存款""应付利润"等科目；按照规定收取的增值税额，贷记"应交税金——应交增值税（销项税额）"科目；按实现的销售收入，贷记"产品销售收入""商品销售收入""其他业务收入"等科目。发生的销售退回，作相反的会计分录。

（8）小规模纳税企业销售货物或提供应税劳务，按实现的销售收入和按规定收取的增值税额，借记"应收账款""应收票据""银行存款"等科目；按规定收取的增值税额，贷记"应交税金——应交增值税"科目；按实现的销售收入，贷记"产品销售收入""商品销售收入""其他业务收入"等科目。

（9）企业出口适用零税率的货物，不计算销售收入应缴纳的增值税。企业向海关办理报关出口手续后，凭出口报关单等有关凭证，向税务机关申报办理该项出口货物的进项税额的退税。企业在收到出口货物退回的税款时，借记"银行存款"科目，贷记"应交税金——应交增值税（出口退税）"科目；出口货物办理退税后发生的退货或者退关补缴已退回税款的，作相反的会计分录。

（10）企业将自产或委托加工的货物用于非应税项目，应视同销售货物计算应缴增值税，借记"在建工程"等科目，贷记"应交税金——应交增值税（销项税额）"科目。企业将自产、委托加工或购买的货物作为投资，提供给其他单位或个体经营者，应视同销售货物计算应缴增值税，借记"长期投资"科目，贷记"应交税金——应交增值税（销项税额）"科目。企业将自产、委托加工的货物用于集体福利消费等，应视同销售货物计算应缴增值税，借记"在建工程"等科目，贷记"应交税金——应交增值税（销项税额）"科目。企业将自产、委托加工或购买的货物无偿赠送他人，应视同销售货物计算应缴增值税，借记"营业外支出"等科目，贷记"应交税金——应交增值税（销项税额）"科目。

（11）随同产品出售但单独计价的包装物，按规定应缴纳的增值税，借记"应收账款"等科目，贷记"应交税金——应交增值税（销项税额）"科目。企业逾期未退还的包装物押金，按规定应缴纳的增值税，借记"其他应付款"等科目，贷记"应交税金——应交增值税（销项税额）"科目。

（12）企业购进的货物、在产品、产成品发生非正常损失，以及购进货物改变用途等原因，其进项税额，应相应转入有关科目，借记"待处理财产损益""在建工程""应付福利费"等科目，贷记"应交税金——应交增值税（进项税额转出）"科目。属于转作待处理财产损失的部分，应与遭受非正常损失的购进货物、在产品、产成品成本一并处理。

（13）企业上缴增值税时，借记"应交税金——应交增值税（已交税金）"，小规模纳税企业记入"应交税金——应交增值税"科目，贷记"银行存款"科目。收到退回多缴的增值税，作相反的会计分录。

（14）"应交税金——应交增值税"科目的借方发生额，反映企业购进货物或接受应税劳务支付的进项税额和实际已缴纳的增值税；贷方发生额，反映销售货物或提供应税劳务应缴纳的增值税额、出口货物退税、转出已支付或应分担的增值税；期末借方余额，反映企业多缴或尚未抵扣的增值税；尚未抵扣的增值税，可以抵以后各期的销项税额；期末贷方余额，反映企业尚未缴纳的增值税。

（15）企业的"应交税金"科目所属"应交增值税"明细科目，可按上述规定设置有关的专栏进行明细核算，也可以将有关专栏的内容在"应交税金"科目下分别单独设置明细科目进行核算；在这种情况下，企业可沿用三栏式账户，在月份终了时，再将有关明细账的余额结转"应交税金——应交增值税"科目。小规模纳税企业，仍可沿用三栏式账户，核算企业应缴、已缴及多缴或欠缴的增值税。

（三）纳税人差额征税的会计处理

1. 一般纳税人的会计处理

一般纳税人提供应税服务，试点期间按照营业税改征增值税有关规定允许从销售额中扣除其支付给非试点纳税人价款的，应在"应交税费——应交增值税"科目下增设"营改增抵减的销项税额"专栏，用于记录该企业因按规定扣减销售额而减少的销项税额；同时，"主营业务收入""主营业务成本"等相关科目应按经营业务的种类进行明细核算。企业接受应税服务时，按规定允许扣减销售额而减少的销项税额，借记"应交税费——应交增值税（营改增抵减的销项税额）"科目，按实际支付或应付的金额与上述增值税额的差额，借记"主营业务成本"等科目，按实际支付或应付的金额，贷记"银行存款""应付账款"等科目。对于期末一次性进行账务处理的企业，期末按规定当期允许扣减销售额而减少的销项税额，借记"应交税费——应交增值税（营改增抵减的销项税额）"科目，贷记"主营业务成本"等科目。

2. 小规模纳税人的会计处理

小规模纳税人提供应税服务，试点期间按照营业税改征增值税有关规定允许从销售额中扣除其支付给非试点纳税人价款的，按规定扣减销售额而减少的应缴增值税应直接冲减"应交税费——应交增值税"科目。企业接受应税服务时，按规定允许扣减销售额而减少的应交增值税，借记"应交税费——应交增值税"科目，按实际支付或应付的金额与上述增值税额的差额，借记"主营业务成本"等科目，按实际支付或应付的金额，贷记"银行存款""应付账款"等科目。对于期末一次性进行账务处理的企业，期末按规定当期允许扣减销售额而减少的应缴增值税，借记"应交税费——应交增值税"科目，贷记"主营业务成本"等科目。

3. 增值税期末留抵税额的会计处理

试点地区兼有应税服务的原增值税一般纳税人，截止到开始试点当月月初的增值税留抵税额按照营业税改征增值税有关规定不得从应税服务的销项税额中抵扣的，应在"应交税费"科目下增设"增值税留抵税额"明细科目。开始试点当月月初，企业应按不得从应税服务的销项税额中抵扣的增值税留抵税额，借记"应交税费——增值税留抵税额"科目，贷记"应交税费——应交增值税（进项税额转出）"科目。待以后期间允许抵扣时，按允许抵扣的金额，借记"应交税费——应交增值税（进项税额）"科目，贷记"应交税费——增值税留抵税额"科目。"应交税费——增值税留抵税额"科目期末余额应根据其流动性在资产负债表中的"其他流动资产"项目或"其他非流动资产"项目列示。

4. 取得过渡性财政扶持资金的会计处理

试点纳税人在新老税制转换期间因实际税负增加而向财税部门申请取得财政扶持资金的，期末有确凿证据表明企业能够符合财政扶持政策规定的相关条件且预计能够收到财政扶持资金时，按应收的金额，借记"其他应收款"等科目，贷记"营业外收入"科目。待实际收到财政扶持资金时，按实际收到的金额，借记"银行存款"等科目，贷记"其他应收款"等科目。

（四）增值税税控系统专用设备和技术维护费用抵减增值税额的会计处理

1. 增值税一般纳税人的会计处理

按税法有关规定，增值税一般纳税人初次购买增值税税控系统专用设备支付的费用以及缴纳的技术维护费允许在增值税应纳税额中全额抵减的，应在"应交税费——应交增值税"科目下增设"减免税款"专栏，用于记录该企业按规定抵减的增值税应纳税额。企业购入增值税税控系统专用设备，按实际支付或应付的金额，借记"固定资产"科目，贷记"银行存款""应付账款"等科目。按规定抵减的增值税应纳税额，借记"应交税费——应交增值税（减免税款）"科目，贷记"递延收益"科目。按期计提折旧，借记"管理费用"等科目，贷记"累计折旧"科目；同时，借记"递延收益"科目，贷记"管理费用"等科目。企业发生技术维护费，按实际支付或应付的金额，借记"管理费用"等科目，贷记"银行存款"等科目。按规定抵减的增值税应纳税额，借记"应交税费——应交增值税（减免税款）"科目，贷记"管理费用"等科目。

2. 小规模纳税人的会计处理

按税法有关规定，小规模纳税人初次购买增值税税控系统专用设备支付的费用以及缴纳的技术维护费允许在增值税应纳税额中全额抵减的，按规定抵减的增值税应纳税额应直接冲减"应交税费——应交增值税"科目。企业购入增值税税控系统专用设备，按实际支付或应付的金额，借记"固定资产"科目，贷记"银行存款""应付账款"等科目。按规定抵减的增值税应纳税额，借记"应交税费——应交增值税"科目，贷记"递延收益"科目。按期计提折旧，借记"管理费用"等科目，贷记"累计折旧"科目；同时，借记"递延收益"科目，贷记"管理费用"等科目。企业发生技术维护费，按实际支付或应付的金额，借记"管理费用"等科目，贷记"银行存款"等科目。按规定抵减的增值税应纳税额，借记"应交税费——应交增值税"科目，贷记"管理费用"等科目。"应交税费——应交增值税"科目期末如为借方余额，应根据其流动性在资产负债表中的"其他流动资产"项目或"其他非流动资产"项目列示；如为贷方余额，应在资产负债表中的"应交税费"项目列示。

例 13-1： 火凤凰公司为一般纳税人，本月购进原材料所取得的增值税专用发票上注明的材料价款为 10 000 000 元，增值税进项税额为 1 700 000 元，已用银行存款支付。同期，该企业销售产品收入为 15 000 000 元，增值税销项税额为 2 550 000 元，价税款已经收到，并存入银行。

（1）本月购进材料时：

借：在途物资　　　　　　　　　　　　　10 000 000

　　应交税费——应交增值税（进项税额）　1 700 000

　贷：银行存款　　　　　　　　　　　　　11 700 000

（2）本月销售产品时：

借：银行存款　　　　　　　　　　　　　17 550 000

　贷：主营业务收入　　　　　　　　　　　15 000 000

　　　应交税费——应交增值税（销项税额）　2 550 000

应交增值税额＝销项税额－进项税额

2 550 000－1 700 000＝ 850 000（元）

（3）实际缴纳增值税 850 000 元时：

借：应交税费——应交增值税（已交税金）　850 000

　贷：银行存款　　　　　　　　　　　　　850 000

二、城市维护建设税

（一）定　义

城市维护建设税（简称城建税）是我国为了加强城市的维护建设，扩大和稳定城市维护建设资金的来源开征的一个税种。以纳税人实际缴纳的消费税、增值税、营业税三种税的税额为计税依据，城建税按缴纳的营业税与增值税、消费税额的 7%（市区）、5%（县城、镇）缴纳。

（二）账务处理

城市维护建设税是以增值税、消费税、营业税为计税依据征收的一种税。其纳税人为缴纳增值税、消费税、营业税的单位和个人，税率因纳税人所在地不同从 1%～7%不等。公式为：应纳税额＝（应交增值税＋应交消费税＋应交营业税）×适用税率。企业应交的城市维护建设税，借记"营业税金及附加"等科目，贷记"应交税费——应交城市维护建设税"科目。

例 13-2：火凤凰公司 7 月实际应上交增值税 503 128 元，该企业适用的城市维护建设税税率为 7%。该企业的有关会计处理如下：

(1) 计算应交的城市维护建设税：

借：营业税金及附加   85 531

    贷：应交税费——应交城市维护建设税   85 531

应交的城市维护建设税＝503128×7%＝85 531（元）

(2) 用银行存款上交城市维护建设税时：

借：应交税费——应交城市维护建设税   85 531

    贷：银行存款   85 531

三、教育费附加

（一）定　义

教育费附加是对缴纳增值税、消费税、营业税的单位和个人征收的一种附加费。教育费附加按缴纳的营业税与增值税、消费税的 3%缴纳。

（二）账务处理

教育费附加是以单位和个人实际缴纳的增值税、消费税和营业税的税额为计征依据征收的一种专门用于教育事业的款项。因此，企业计算出应缴纳的教育费附加时，应根据作为其计征依据的增值税、消费税和营业税的业务的性质，分别借记"产品销售税金及附加"（工业企业）、"商品销售税金及附加"（商品流通企业）、"营业税金及附加"（金融保险企业、旅游饮食服务企业、邮电通信企业、民用航空企业、农业企业）、"经营税金及附加"（房地产开发企业）、"营运税金及附加"（交通运输企业）、"运输税金及附加"（铁路运输企业）、"工程结算税金及附加"（施工企业）、"营业税金"（外经企业）等科目，贷记"其他应交款——应交教育费附加"科目。实际缴纳时，借记"其他应交款——应交教育费附加"科目，贷记"银行存款"科目。

例 13-3：火凤凰公司 7 月应交教育费及附加 15 093 元。该企业的有关会计处理如下：

(1) 计算应交的城市维护建设税：

借：营业税金及附加   15 093

    贷：应交税费——应交教育费附加   15 093

（2）用银行存款上交城市维护建设税时：

借：应交税费——应交教育费附加　　　　　　　15 093

　贷：银行存款　　　　　　　　　　　　　　　　　15 093

第二节　所得税

一、企业所得税

（一）定　义

企业所得税是指对中华人民共和国境内的一切企业（不包括外商投资企业和外国企业），就其来源于中国境内外的生产经营所得和其他所得而征收的一种税。企业所得税的纳税人包括中国境内的国有企业、集体企业、私营企业、联营企业、股份制企业和其他组织。企业所得税按应纳税所得额（调整以后的利润）计算缴纳，如表13-2所示。

表 13-2　　　　　　　　　　　企业所得税的缴纳

适用企业	税率（%）
一般情况，在中国境内设立机构场所的企业	25
（1）符合条件的小型微利企业 （2）在中国境内未设立机构、场所的，或者虽设立机构、场所但取得的所得与其所设机构、场所没有实际联系的非居民企业	20
国家需要重点扶持的高新技术企业	15

（二）账务处理

会计所得与应税所得额，由于存在永久性和时间性的差异，因此，应采用不同的会计处理方法。

1. 应付税款法

企业发生的一个时期纳税所得额和会计所得之间的差异，如在本期发生，而在以后期间不能转回的，在计算所得税时，按税规定计算的应缴所得税额，列作当期的利润分配。

例13-4：火凤凰公司7月计税工资总额为108万元，2015年实际发放的工资为125万元，公益性捐款100万元，行政罚款5万元。该企业2015年按会计计算的利润总额为 1 680 万元，企业所得税税率为 33%。超过计税工资部分为 17 万元（即 125 万元－108 万元），允许列支的公益性捐款为 51.06 万元。[（1 680＋17＋5）×3%]。其超过允许列支部分为 48.94 万元。企业应作会计处理如下：

税调整数＝17 万元＋5 万元＋48.94 万元＝70.94 万元

应纳税所得额＝1 680 万元＋70.94 万元＝1 750.94 万元

应纳所得税额＝1 750.94 万元×33%＝577.810 2 万元

借：利润分配——应交所得税　　　　　5 778 102

　　贷：应交税金－应交所得税　　　　　　5 778 102

2. 纳税影响会分法

企业发生的一个时期纳税所得额和会计所得之间的差异，如果在本期发生，而在以后期间可以转回的，这种时间性差异对所得税产生的影响，应按照企业本期会计所得计算的应缴所得税列作利润分配，同时将时间性差异额，作为递延税款，设置"递延税款"科目，会计处理方法分为递延法和债务法。递延法是把本期由于时间性差异而发生的递延税款，保留到这一差异发生相反变化的以后期间予以转销。债务法是把本期由于时间性差异而发生的预计递延税款，保留到这一差异发生相反变化的以后期间予以转销。

例 13－5：火凤凰公司某项目长期投资 6 000 万元，该项目投产后，按照会计制度规定使用年限 10 年，按税法规定，不得少于 6 年，假设该企业每年实现利润 3 000 万元，所得税税率 33%，会计处理采用递延法：

每月计提折旧额＝6 000 万元÷10÷12＝50 万元。10 年中，每月计提折旧相同。

借：基本生产　　　　　　　　　　500 000

　　贷：累计折旧　　　　　　　　　　500 000

计算企业所得税：

每年会计计提折旧额＝6 000 万元÷10＝600 万元

每年税收允许计提额＝6 000 万元÷6＝1 000 万元

时间性差额＝1 000 万元－600 万元＝400 万元

会计计算应缴所得税额＝3 000 万元×33%＝990 万元

第一年会计分录：

借：利润分配——应交所得税　　　　　9 900 000

　　贷：递延税款　　　　　　　　　　1 320 000

　　　　应交税金——应交所得税　　　　8 580 000

第 2、3、4、5、6 年相同。

前六年该项目已提足折旧，后四年企业每年计提折旧 600 万元，计算企业所得税时，应作调整，600 万元×33%＝198 万元，第 7 年会计分录如下：

借：利润分配——应交所得税   9 900 000

递延税款   1 980 000

   贷：应交税金——应交所得税   1 880 000

第 8、9、10 年相同。

二、个人所得税

（一）定　义

个人所得税依查账征收，股东分红按 20％征收个人所得税。个人独资和合伙企业，每一纳税年的收入总额减除成本费用以下损失后的余额，作为投资者个人的生产经营所得，计算征收个人所得税。个人独资企业和合伙企业对员工的个人所得税可以代扣代缴。对个人独资企业而言，企业营业和个人所得税的两码事，只要有工资就得缴个人所得税。个人所得税按 2011 年 9 月 1 日新条例实施，免征额调至 3 500 元。

（二）账务处理

1. 工资、薪金所得应纳个人所得税的会计处理

支付工资、薪金所得的单位扣缴的工资、薪金所得应纳的个人所得税税款，实际上是个人工资、薪金所得的一部分。代扣时，借记"应付职工薪酬"科目，贷记"应交税费——应交个人所得税"科目。上缴代扣的个人所得税时，借记"应交税费——应交个人所得税"科目，贷记"银行存款"科目。

2. 个体工商户生产经营所得应纳所得税的会计处理

个体工商户取得生产经营所得按规定计算应纳的所得税，借记"所得税费用"科目，贷记"应交税费——应交个人所得税"科目。实际上缴税款时，借记"应交税费——应交个人所得税"科目，贷记"银行存款"科目。

3. 对企事业单位的承包经营、承租经营所得税的会计处理

对企事业单位的承包经营、承租经营取得的所得，如果由支付所得的单位代扣代缴的，支付所得的单位代扣税款时，借记"应付利润"科目，贷记"应交税费——应交代扣个人所得税"科目。实际上缴代扣税款时，借记"应交税费——应交代扣个人所得税"科目，贷记"银行存款"科目。

4. 其他项目个人所得税的会计处理

（1）企业支付劳务报酬所得。

①计算应代扣的个人所得税、支付劳务报酬时：

借：管理费用等

   贷：应交税费——应交代扣个人所得税现金

②实际缴纳税款时：

借：应交税费——应交代扣个人所得税

　　贷：银行存款

（2）企业支付稿酬所得。

①计算应代扣的个人所得税、支付稿酬时：

借：其他应付款

　　贷：应交税费——应交代扣个人所得税

　　　　库存现金

②实际缴纳税款时：

借：应交税费——应交代扣个人所得税

　　贷：银行存款

（3）企业购入无形资产。

①计算应代扣的个人所得税、支付价款时：

借：无形资产

　　贷：应交税费——应交代扣个人所得税

　　　　库存现金

②实际缴纳税款时：

借：应交税费——应交代扣个人所得税

　　贷：银行存款

（4）企业向个人分配股息、利润。

①计算应代扣的个人所得税、支付股息、利润时：

借：应付利润

　　贷：应交税费——应交代扣个人所得税

　　　　库存现金

②实际缴纳税款时：

借：应交税费——应交代扣个人所得税

　　贷：银行存款

例 13-6：中国公民张某 2012 年 12 月取得以下收入：①当月工资 4 000 元；②为某公司设计产品营销方案，取得一次性设计收入 18 000 元；③购买福利彩票支出 500 元，取得一次性中奖收入 15 000 元；④股票转让所得 20 000 元。

要求：①分别说明张某各项收入是否应缴纳个人所得税；②计算张某当月应缴纳的个人所得税税额。

当月工资应纳个人所得税＝（4 000－3 500）×3％＝45（元）

设计收入应纳个人所得税＝18 000×（1－20％）×20％＝2 880（元）

中奖收入应纳个人所得税＝15 000×20％＝3 000

张某当月应缴纳的个人所得税额＝45＋2 880＋3 000＝5 925（元）

第三节 其他税种

其他税种主要包括消费税、城镇土地使用税、印花税、车船税、房产税、资源税等。

一、消费税

（一）定 义

消费税是政府向消费品征收的税项，可从批发商或零售商征收。销售税是典型的间接税。现行消费税的征收范围主要包括：烟，酒及酒精，鞭炮，焰火，化妆品，成品油，贵重首饰及珠宝玉石，高尔夫球及球具，高档手表，游艇，木制一次性筷子，实木地板，汽车轮胎，摩托车，小汽车等税目，有的税目还进一步划分若干子目。消费税实行价内税，只在应税消费品的生产、委托加工和进口环节缴纳，在以后的批发、零售等环节，因为价款中已包含消费税，因此不用再缴纳消费税，税款最终由消费者承担。

一般情况下，企业增值税、营业税及附加税、所得税只要有发生就需要缴纳，而其他税一年只需要缴一次就行了，相对要缴的不多，也不是每月都缴，缴税具体时间税务局会通知的。如果本单位没有自己的所有权房产则不用缴房产税。

（二）账务处理

消费税的会计处理一般包括两部分，即应缴消费税额的会计处理和实际缴纳消费税额的会计处理。下面区别不同情况具体加以说明。

（1）公司生产的应税消费品，销售时或用于换取生产资料、消费资料及抵偿债务、支付代购手续费等方面时，应按照应缴消费税额借记"营业税金及附加"账户，贷记"应交税费——应交消费税"账户。发生销货退回时做相反的会计分录。

例13-7：明天橡胶厂销售汽车轮胎应纳消费税额为36 000元。对此应做如下会计分录：

借：营业税金及附加 36 000

　　贷：应交税费——应交消费税 36 000

假定上述工厂用汽车轮胎换取某进出口公司的生产设备，应纳税额仍为36 000元。应做如下会计分录：

借：固定资产   36 000

  贷：应交税费——应交消费税   36 000

如果公司生产的应税消费品用于投资且按规定需要缴纳消费税，那么其会计处理为：借记"长期股权投资"账户，贷记"应交税费——应交消费税"账户；如果公司生产的应税消费品用于公司在建工程、非生产机构等方面且需缴纳消费税，那么其会计处理为：借记"固定资产""在建工程""营业外支出""销售费用"等账户，贷记"应交税费——应交消费税"账户。

例 13 - 8： 大成汽车制造公司用自产乘用车 8 辆投资于某客运公司，按规定这 8 辆小车共应缴纳消费税额 40 000 元。对此应做如下会计分录：

借：长期股权投资   40 000

  贷：应交税费——应交消费税   40 000

例 13 - 9： 某啤酒厂为了扩大产品销路，举办一个啤酒展览会，使用啤酒 20 吨，共计应纳消费税额 4 400 元。对此应做如下会计分录：

借：销售费用   4 400

  贷：应交税费——应交消费税   4 400

对于随同应税消费品一同出售但单独计价的包装物，按规定应缴纳的消费税，借记"其他业务支出"账户，贷记"应交税费——应交消费税"账户。对于企业逾期未退还的包装物押金，按规定应缴纳的消费税，借记"其他业务支出""其他应付款"等账户，贷记"应交税费——应交消费税"账户。

例 13 - 10： 某化妆品公司向某商业企业销售洗发水一批，所用包装物单独计价，按规定应缴纳消费税税额 2 000 元。所做的会计分录为：

借：其他业务成本   2 000

  贷：应交税费——应交消费税   2 000

公司实际缴纳消费税时，借记"应交税费——应交消费税"账户，贷记"银行存款"账户。发生退税时做相反的会计分录。

例 13 - 11： 某橡胶厂用银行存款缴纳上月应缴纳的消费税款 36 000 元。所做的会计分录为：

借：应交税费——应交消费税   36 000

  贷：银行存款   36 000

（2）企业将应税产品用于在建工程及非生产机构等方面，按规定应缴纳的消费税，借记"固定资产""在建工程""营业外支出""产品销售费用"等科目，贷记"应交税费——应交消费税"科目。

例 13 - 12： 某企业将自产的乘用车留厂自用，该车销售价 80 000 元，规定税率 9%；同时该企业还将自产的汽车轮胎 20 个用于企业更新工程，轮胎每个售价 1 800

元，适用税率 10％，两次应纳消费税分别为 7 200 元和 3 600 元。其分录为：

　　借：固定资产　　　　　　　　　　　　　　　7 200
　　　　在建工程　　　　　　　　　　　　　　　3 600
　　　　贷：应交税费——应交消费税　　　　　　　　　　　10 800

例 13-13： 某企业为了召开订货会，用本企业生产的甲类卷烟 60 条，招待用户，每条售价 100 元，税率为 45％，应纳消费税 2 700 元，其分录为：

　　借：销售费用　　　　　　　　　　　　　　　2 700
　　　　贷：应交税费——应交消费税　　　　　　　　　　　2 700

（3）委托加工的应税消费品，需要缴纳消费税的，在委托方提货时，由受托方代扣代缴税额。受托方按应扣税额，借记"应收账款""银行存款"等账户，贷记"应交税费——应交消费税"账户。

例 13-14： 某汽车制造公司委托上述橡胶厂加工汽车轮胎一批，共应缴纳消费税 100 000 元。当汽车制造公司将汽车轮胎提回时，该橡胶厂应代扣代缴这笔应纳税款，并按应扣税额做如下会计分录：

　　借：应收账款　　　　　　　　　　　　　　　100 000
　　　　贷：应交税费——应交消费税　　　　　　　　　　　100 000

委托加工应税消费品收回后，若是直接用于销售的，委托方应将受托方代扣代缴的消费税计入委托加工应税消费品的成本，借记"委托加工物资""生产成本""自制半成品"等账户，贷记"应付账款""银行存款"等账户；委托加工应税消费品收回后，用于连续生产应税消费品并按规定可以抵扣的，委托方应按受托方代扣代缴的消费税额，借记"应交税费——应交消费税"账户，贷记"应付账款""银行存款"等账户。

例 13-15： 假定上述汽车制造公司收回轮胎后直接用于小汽车的制造之中。那么，该公司对橡胶厂代扣代缴的消费税额 100 000 元可以予以抵扣，所做的会计分录应为：

　　借：应交税费——应交消费税　　　　　　　　100 000
　　　　贷：应付账款　　　　　　　　　　　　　　　　　100 000

二、消费税以外的其他税种

城镇土地使用税是以国有土地为征税对象，以实际占用的土地单位面积为计税标准，按规定税额对拥有土地使用权的单位和个人征收的一种税。城镇土地使用税的纳税人就是在城市、县城、建制镇、工矿区范围内使用国有土地的单位和个人，但外国企业和外商投资企业暂不缴纳城镇土地使用税。城镇土地使用税按实际占用的土地面积等级划分不同缴纳（各地规定不一，××元/平方米）。

印花税是以经济活动中签订的各种合同、产权转移书据、营业账簿、权利许可证照等应税凭证文件为对象所征的税。印花税由纳税人按规定应税的比例和定额自行购买并粘贴印花税票，如果金额大于 500 元也可以在银行直接交印花税，然后去税务局盖印花税的章。购销合同按购销金额的 0.03％贴花；租赁合同按金额 0.1％贴花，贴花账本按 5 元/本缴纳（每年启用时）；年度按"实收资本"与"资本公积"之和 0.05％缴纳（第一年按全额缴纳，以后按年度增加部分缴纳）。

　　车船税是对在我国境内依法应当到公安、交通、农业、渔业、军事等管理部门办理登记的车辆、船舶，根据其种类，按照规定的计税单位和年税额标准计算征收的一种财产税。车船使用税的纳税人为在我国境内拥有并使用车船的种类企业、单位、个体经营者和其他个人（不包括外商投资企业、外国企业和外国人）车船税按车辆缴纳（各地规定不一，不同车型税额不同，××元辆）。

　　房产税是以房屋为征税对象，按房屋的计税余值或租金收入为计税依据，向产权所有人征收的一种财产税。凡在我国境内拥有房屋产权的单位和个人都是房产税的纳税义务人。房产税按自有房产原值的 70％×1.2％缴纳。

　　资源税是以各种应税自然资源为课税对象、为了调节资源级差收入并体现国有资源有偿使用而征收的一种税。资源税在理论上可区分为对绝对矿租课征的一般资源税和对级差矿租课征的级差资源税，体现在税收政策上就叫作"普遍征收，级差调节"，即所有开采者开采的所有应税资源都应缴纳资源税；同时，开采中、优等资源的纳税人还要相应多缴纳一部分资源税。

 **本章任务**

　　火凤凰公司 7 月纳税明细。

应交税种	所属税务局	7月实交（元）
增值税	国税	503 128.79
所得税	地税	
城市维护建设税	地税	35 219.02
教育费附加	地税	15 093.86
地方教育附加	地税	10 062.58
印花税	地税	53 980.80
房产税	地税	
土地税	地税	
个人所得税	地税	70 003.29

　　做出相应的会计分录。

参考文献

[1] 朱小平，等．初级会计学［M］．北京：中国人民大学出版社，2005.

[2] 戴德明，等．财务会计学［M］．北京：中国人民大学出版社，2006.

[3] 刘永泽．会计学［M］．大连：东北财经大学出版社，2012.

[4] 陈国辉，等．基础会计［M］．大连：东北财经大学出版社，2015.

[5] 徐经长．会计学（非专业用）［M］．北京：中国人民大学出版社，2007.

[6] 刘永泽，等．中级财务会计［M］．大连：东北财经大学出版社，2014.

[7] 邱庆剑．商业企业会计工作全真模拟［M］．广州：广东经济出版社，2005.

[8] 孔德军，等．基础会计练习与模拟实训［M］．北京：机械工业出版社，2014.

[9] 许淑琴．对应用型本科院校会计学专业实践教学内容的思考［J］．教育探索，2010（2）：51-52.

[10] 秦少卿，等．高校会计实践教学规范研究［J］．会计之友，2006（4）：74-75.

[11] 刘文辉．基于能力培养与会计实践教学改革的调查问卷分析[J]．COMMERCIAL ACCOUNTING，2011（10）：75-77.

[12] 李晓红．基于工作过程的高职会计专业课程研究［J］．财会通讯，2009（6）：58-60.

[13] 陈慧英．德国"双元制"教育在我国高职会计人才培养模式中的借鉴［D］．金华：浙江师范大学，2009.

[14] 袁江．基于能力本位的教育观［J］．中国职业技术教育，2007（7）：1-2.

[15] 卢丽华．我国高职专业课程与工作岗位的适应问题研究［D］．大连：辽宁师范大学，2007.

[16] 鲍伯·瑞安，等．财务与会计研究方法与方法论［M］．北京：机械工业出版社，2004.

[17] 格莱得勒．学习与教学：从理论到实践［M］．北京：中国轻工业出版社，2007.

[18] 于国旺．会计学专业实践课程体系评价问题探讨［J］．财会通讯，2010（1）：33-34.